ÉDITIONS SAINT-SÉBASTIEN

-2016-

RÉGLEMENT

DE VIE

D'UN CHRÉTIEN.

Nous avons cru devoir terminer ce premier
volume par ce Recueil de prières et d'exercices
de piété, assez semblable, dans le fond et dans
la forme, à ce que nous nommons en France,
Journée du Chrétien. Personne ne sera donc
étonné des répétitions qu'il renferme; ce genre
de livres étant destiné à servir de manuel à toutes sortes de personnes, il doit renfermer des
instructions et des formules pour tous les besoins
de l'ame. Placé à la suite des différents ouvrages *de méditations* que nous avons insérés ci-
dessus, il formera la partie *pratique* de ce premier volume.

RÉGLEMENT DE VIE
D'UN CHRÉTIEN.

Dans le premier chapitre de ce réglement, nous parlerons des moyens de se maintenir dans la grâce de Dieu. Dans le second chapitre, nous offrirons à nos lecteurs les actes de dévotion qu'ils doivent pratiquer. Dans le troisième, on trouvera la pratique des principales vertus que doit exercer un Chrétien.

CHAPITRE PREMIER.

Moyens de se maintenir dans la grâce de Dieu.

Pour obtenir le salut éternel, il ne suffit pas de vouloir se sauver ; il faut prendre les moyens que Jésus-Christ nous a indiqués. Autrement, si nous tombons dans le péché, nous allèguerons en vain, au jour du jugement, que les tentations ont été fortes, et que nous étions faibles. Dieu nous a donné par sa grâce les moyens de repousser l'attaque de nos ennemis ; si nous ne savons pas en profiter, si nous nous laissons vaincre, la faute en est à nous. Tout le monde voudrait se sauver ; mais comme on néglige les moyens nécessaires pour se sauver, on pèche et on se perd.

17.

PREMIER MOYEN.

Fuir les occasions.

Le premier moyen, c'est de fuir les occasions. Ceux qui ne cherchent pas à fuir les occasions de pécher, surtout en matière de plaisirs sensuels, tomberont infailliblement dans le péché. S. Philippe de Néri disait : *Dans la guerre des sens, ceux qui fuient sont les vainqueurs.* L'occasion est comme un bandeau qui s'étend sur nos yeux, et fait que nous ne voyons plus ni l'enfer, ni Dieu, ni nous-mêmes. L'Écriture dit qu'il est impossible de marcher sur des charbons et de ne pas se brûler : *Numquid potest homo ambulare super prunas et non comburantur plantæ ejus ?* (Prov. 6. 28.) Il est également impossible, lorsqu'on se met volontairement dans l'occasion, de ne pas tomber, quelques promesses et quelques serments qu'on ait fait à Dieu. Combien de pauvres ames se sont perdues uniquement pour n'avoir pas fui les occasions ! Quant à ceux qui vivent dans l'habitude du péché d'impureté, qu'ils sachent qu'il ne suffit pas, s'ils veulent se corriger, de fuir les occasions présentes ; il faut fuir et prévenir les occasions à venir. Ne nous laissons pas tromper par le démon, qui nous dira que la personne qui nous inspire des désirs est sainte ; il arrive souvent que plus la personne est sainte, plus la tentation est grande. S. Thomas d'Aquin dit que plus une personne est sainte, plus elle plaît. La tentation commencera par l'esprit et finira par la chair. Le père Sertorius Caputo, de la compagnie de Jésus, disait que le démon snousfait d'abord aimer la vertu, ensuite la personne elle-même, puis il nous aveugle et nous précipite. Il faut fuir enfin les mauvaises compagnies ; nous sommes trop faibles, le démon nous tente continuellement ; nos sens nous poussent au mal, l'impulsion d'un ami pervers nous fait tomber. La première chose à faire pour nous sauver, c'est donc d'éviter les mauvaises occasions et les mauvaises compagnies. Il faut pour cela nous faire violence à nous-mêmes, braver la raillerie des hommes et les vains égards de la société. Qui ne se fait violence, ne se sauve pas. Il est vrai que nous ne devons pas nous confier en nos propres forces, mais en l'aide de Dieu ; or, Dieu veut que nous coopérions autant qu'il est en nous à l'œuvre de notre salut. *Violenti rapiunt illud.* (Matt. 11. 12.)

SECOND MOYEN.

L'oraison mentale.

Le second moyen, c'est l'oraison mentale. Sans elle, l'ame ne restera pas long-temps dans la grâce du Seigneur. Le Saint Esprit a dit : *Memorare novissima tua et in æternum non peccabis.* (Eccl. 7. 40.) Qui mérite souvent les *novissima*, c'est-à-dire la mort, le jugement universel et l'éternité de l'enfer et du Paradis, ne tombe jamais en péché ; mais ces vérités ne se voient pas avec les yeux du corps ; on ne peut les apercevoir qu'avec ceux de l'ame ; si on ne les regarde souvent, elles disparaissent ; et lorsque les tentations de la chair nous attaquent, distraits de ces grandes vérités, nous nous rendons aux tentations, nous nous livrons au vice et nous nous damnons. Tous les chrétiens savent et croient qu'ils mourront ; et qu'ils seront jugés après leur mort, mais comme ils n'y pensent pas, ils vivent loin de Dieu. Sans l'oraison mentale, nous n'y voyons pas, nous sommes dans les ténèbres, nous marchons à tâtons, nous ne voyons pas les abîmes, nous ne les évitons pas, et Dieu ne nous aidant pas, nous nous perdons. Sans l'oraison, il n'y a pour nous ni lumière, ni force pour cheminer dans la voie de Dieu, parce que, sans l'oraison, nous ne prions pas Dieu de nous aider; et, lorsqu'on ne le prie pas, les chutes sont inévitables. Le cardinal Bellarmin disait qu'un chrétien qui ne médite pas les maximes éternelles ne peut persévérer dans la grâce de Dieu. Au contraire, celui qui fait chaque jour sa méditation succombera rarement aux tentations; et, s'il y succombe enfin, en continuant l'oraison, il rentrera dans la grâce de Dieu. Un serviteur de Dieu disait : *L'oraison mentale et le péché mrtel ne peuvent vivre ensemble*. Passons donc le matin ou le soir, mais plutôt le matin, une demi-heure en oraison. On trouvera dans le paragraphe suivant la manière facile de faire cette oraison. D'ailleurs, il suffit que vous lisiez ce livre des méditations, ou tout autre bon livre, produisant de temps à autre quelque bonne affection, ou quelque prière. Je vous engage vivement de ne jamais négliger cette oraison, et de la faire en quelque aridité que vous vous trouviez, et quel que soit l'ennui qu'elle vous inspire. Si vous ne la négligez pas, à coup sûr vous serez sauvé.

Il est encore bon de faire avec l'oraison la *lecture spirituelle* dans quelque livre qui traite de la vie d'un Saint ou des vertus chrétiennes, et de la faire pendant une demi-heure ou tout au moins un quart d'heure. Que de personnes la lecture d'un livre de piété a converties et rendues à Dieu! S. Jean Colombin, S. Ignace de Loyola èt tant d'autres sont de ce nombre. Il est aussi très important de faire chaque année les exercices spirituels, dans quelques maisons religieuses. Mais ayez soin de ne jamais négliger votre méditation journalière.

TROISIÈME MOYEN.

La fréquentation des sacrements.

Le troisième moyen est la fréquentation des Sacrements de pénitence et d'eucharistie. La confession purge notre ame de ses souillures, et par elle on obtient non seulement la rémission de ses péchés, mais encore les secours nécessaires pour résister aux tentations. Ayez donc un directeur, allez souvent vous confesser à lui et demandez lui conseil dans vos affaires les plus importantes, même temporelles. Obéissez-lui en tout et principalement lorsque vous êtes tourmentés par quelque scrupule. Ceux qui obéissent à leur confesseur ne doivent jamais craindre de se tromper. *Qui vor audit me audit* (Luc. 10. 16.). Voix du confesseur, voix de Dieu.

La communion est appelée le pain céleste ; car, ainsi que le pain terrestre entretient la vie du corps, la communion entretient celle de l'ame. *Nisi manducaveritis carnem Filii hominis, non habebitis vitam in vobis* (Jo. 6. 64.). Ceux qui mangent souvent ce pain assurent leur vie éternelle : *Si quis manducaverit ex hoc pane vivet in æternum* (Ibid. n. 52.). C'est pour cela que le Concile de Trente (Sess. 13. c. 2.) appelle la communion une médecine qui débarrasse l'ame des péchés véniels et la préserve des péchés mortels. Communiez donc tous les huit jours au moins, et ne négligez jamais ce pieux devoir pour aucune affaire du monde, quelque pressante qu'elle soit; il n'y en a pas de plus pressante que le salut éternel. Plus vous serez sur la terre, plus vous aurez besoin de secours, parce que plus vous serez sur la terre, plus vous éprouverez de tentations. Un prêtre instruit d'ailleurs, ayant lu dans mes écrits que j'approuvais qu'on accordât la communion, tous les huit jours, aux personnes qui désirent se maintenir dans la grâce de Dieu, bien qu'elles ne soient pas exemptes de l'affection au péché véniel, a combattu mon sentiment dans un ouvrage en trois volumes.

Je prie le lecteur de lire ma réponse dans mes *Instructions Morales*, 3e *vol., app.* 1, § IV, *in fin.* On trouvera dans le paragraphe suivant les actes qu'il faut faire avant et après la confession et la communion, tant pour se préparer que pour rendre grâce au Seigneur.

QUATRIÈME MOYEN.

Entendre la messe.

Le quatrième moyen, c'est d'entendre la messe tous les matins. Quand nous assistons à la messe nous rendons honneur à Dieu, plus que tous les Anges et tous les Saints du ciel, parce qu'ils ne lui offrent que les vœux de simples créatures; mais, dans la messe, nous offrons à Dieu Jésus-Christ, offrande qui lui apporte une gloire infinie. Lisez dans le paragraphe suivant la manière d'assister à la messe avec profit.

CINQUIÈME MOYEN.

La visite au S. Sacrement et à la Ste-Vierge.

Le cinquième moyen, c'est de visiter chaque jour le S. Sacrement, dans chaque église, et la divine Mère de

Jésus, devant quelque dévote image. Jésus-Christ réside sur les autels de tant d'églises pour dispenser ses grâces à tous ceux qui viennent l'implorer. Les ames qui pratiquent cette belle dévotion en reçoivent d'ineffables consolations. Dans le paragraphe suivant, on trouvera les prières à dire lorsqu'on visite le S. Sacrement, et lorsqu'on visite la divine Mère. Les grâces que l'on doit demander avant tout à Jésus et à Marie, sont l'amour pour Dieu et la persévérance jusqu'à la mort.

SIXIÈME MOYEN.

La prière.

Le sixième moyen, celui dont je vous recommande le plus le fréquent exercice, c'est la prière. Il est certain que sans les secours de Dieu nous ne pouvons rien faire de bon pour notre ame. Dieu déclare qu'il n'accorde de grâces qu'à ceux qui les demandent. *Petite et dabitur vobis* (Matt.). Demandez et vous obtiendrez. *Donc, dit Ste-Thérèse, celui qui ne demande pas ne recevra pas.* C'est l'avis général des SS. Pères et des Théologiens, d'accord avec S. Thomas, que, sans la prière, il est impossible de persévérer dans la grâce de Dieu (1. 2. q. 109. a. 10.). Mais ceux qui prient sont sûrs du secours de Dieu. Il leur en a donné sa parole, et il n'y manquera pas. Les évangiles l'ont souvent répété. *Omnia quæcumque orantes petitis credite quia accipietis et evenient vobis* (Marc. 11. 24). *Omnis qui petit accepit* (Luc. 11. 10). *Amen, dico vobis, si quid petieritis patrem in nomine meo, dabit vobis* (Jo. 16. 26.). Dieu accorde tout ce qu'on lui demande au nom de Jésus-Christ. Si donc nous voulons nous sauver, il faut

prier, avec humilité, avec confiance et surtout avec
persévérance. L'oraison mentale n'est si utile que parce
qu'elle nous fait souvenir de prier ; autrement nous l'ou-
blions et nous nous perdons. Ste-Thérèse dit que, dans
son désir de voir tous les hommes sauvés, elle aurait
voulu monter sur une montagne, et de là leur faire entendre ce seul mot : *Priez, priez.* Les anciens pères des
déserts établissent dans leurs conférences qu'il n'y avait
pas de meilleur moyen pour se sauver que de répéter la
prière de David : *Deus in adjutorium meum intende ;
Domine, ad adjuvandum me festina.* Mon Dieu, aidez-
moi, mon Dieu, aidez-moi tout de suite. Ou bien répé-
tons la belle oraison jaculatoire du vénérable père Léo-
nard du Port Maurice : *Mon Jésus, miséricorde !* Les
deux grâces que nous devons demander plus souvent sont
l'amour pour Dieu et la sainte persévérance. Nous devons les demander aussi à la très Ste-Marie, la dispensa-
trice de toutes les grâces divines. Lorsque nous la prions,
elle nous fait tout obtenir. S. Bernard nous y exhorte :
*Quæramus gratiam et per Mariam quæramus ; quia
quod quærit invenit et frustrarari non potest.* Demandons toutes les grâces à Marie, dont l'intercession est
toute puissante auprès de Dieu, et dont les prières ne
sont jamais rejetées.

CHAPITRE SECOND.

Exercices de piété que l'on doit pratiquer.

§ I.

Actes à faire le matin en se levant.

Faites le Signe de la Croix, et dites : I. Mon Dieu, je vous adore, je vous aime de tout mon cœur. II. Je vous remercie de tous vos bienfaits, et surtout de m'avoir conservé durant cette nuit. III. Je vous offre tout ce que je ferai, tout ce que je souffrirai aujourd'hui; j'unis mes actions et mes souffrances à celles de Jésus et de Marie, et je forme l'intention de gagner toutes les indulgences que je pourrai. IV. Je me propose de fuir tout péché, et en particulier... (ici, il est bon de faire porter sa résolution sur le défaut dans lequel on tombe le plus fréquemment), et je vous prie, pour l'amour de Dieu, de me donner la persévérance ; je me propose surtout, dans les contradictions, de me conformer à votre sainte volonté, et de dire toujours : *Seigneur, que votre volonté soit faite !*

Mon Jésus, étendez aujourd'hui sur moi votre bras tutélaire ; Marie, prenez-moi sous votre protection ; et vous, Père éternel, secourez moi pour l'amour de Jésus et de Marie. Mon ange gardien, mes saints patrons, priez Dieu pour moi. Un *Pater noster,* un *Ave* et un *Credo* avec trois *Ave* en l'honneur de la pureté de Marie.

En commençant à travailler ou à étudier, dites :

Seigneur, je vous offre cette f tigue. *En vous mettant à table, dites* : Mon Dieu, bénissez-moi, bénissez cette nourriture, afin que je ne commette pas de péché en la prenant, et que tout soit à votre gloire. *En sortant de table :* Je vous remercie, Seigneur, d'avoir fait du bien à un homme qui a été votre ennemi. *Quand l'heure sonne :* Mon Jésus, je vous aime, faites que je ne vous offense plus et que je ne me sépare plus de vous. *Dans l'adversité :* Seigneur, vous l'avez voulu, ainsi soit-il ! *Lorsque vous êtes tenté, répétez souvent :* Jésus et Marie. *Quand vous vous apercevez ou que vous doutez être tombé dans quelque péché, dites tout aussitôt :* Mon Dieu, je m'en repens, parce que je vous ai offensé ; Bonté infinie, je ne le ferai plus. *Et, si c'est un péché grave, confessez-vous-en tout de suite.*

---

§ II.

Manière de faire l'oraison mentale.

L'oraison mentale se divise en trois parties : *préparation, méditation* et *conclusion.* Dans la *préparation,* on fait trois actes : acte de foi de la présence de Dieu, acte d'humilité avec un vif sentiment de contrition ; enfin *acte de demande* pour obtenir la lumière. Dites, par exemple : *I. Mon Dieu, je crois que vous m'êtes présent, et je vous adore de tout mon cœur. II. Seigneur, je devrais être maintenant en enfer pour mes péchés : Bonté infinie, je me repens de tout mon cœur de vous avoir offensé. III. Mon Dieu, pour l'amour de Jésus et de Marie, faites que cette oraison me soit profitable, et pour cela *donnez-moi la lumière.* Dites ensuite un *Ave Maria* à la Sainte Vierge, pour qu'elle vous obtienne la lumière, et un *Gloria Patri* à S. Joseph, à l'ange gardien et au saint patron. Faites ces actes avec attention, mais brièvement ; après cela passez à la *méditation.*

Dans la méditation, servez vous toujours de quelque livre, du moins dans les commencements, et arrêtez-vous sur les passages qui vous touchent davantage. S. François de Sales nous dit de faire comme les abeilles, qui s'arrêtent sur une fleur tant qu'elles y trouvent du miel, puis volent à une autre fleur. La méditation porte trois fruits : *produire des affections, prier* et *prendre les résolutions.* C'est en cela que consiste l'utilité de l'oraison mentale. Après avoir médité quelque vérité éternelle, et quand Dieu a parlé à votre cœur, il faut que vous parliez à Dieu, 1° en produisant des affections ou actes de foi, de remerciement, d'humilité et d'espérance ; mais surtout répétez les actes d'amour et de contrition. S. Thomas a dit que tout acte d'amour nous fait mériter la grâce de Dieu et le Paradis. *Quilibet actus caritatis meretur vitam æternam.* Tout acte de contrition a la même valeur. Voici des exemples de l'acte d'amour : *Mon Dieu, je vous aime par dessus tout ; je vous aime de tout mon cœur ; je veux obéir en tout à votre volonté ; je me réjouis de ce que vous êtes infiniment heureux.* Pour l'acte de contrition, il suffit de dire : *Bonté infinie, je me repens de vous avoir offensée.* 2° Faites des prières pour demander à Dieu la lumière, l'humilité, ou toute autre vertu ; une bonne mort et le salut éternel ; mais surtout son amour et la sainte persévérance : et si votre ame est aride, il suffit de dire : *Mon Dieu, aidez-moi ; Seigneur, ayez pitié de moi, mon Jésus, miséricorde !* Quand même on ne pourrait pas dire autre chose, l'oraison serait néanmoins très bonne. 3º Avant de finir l'oraison, prenez une résolution spéciale, comme de supporter l'ennui de telle personne, de se corriger de tel défaut, etc.

Dans la *conclusion* on fait trois actes : 1º on remercie Dieu des lumières reçues ; 2º on se propose d'observer les résolution prises ; 3º on demande à Dieu, pour l'amour de Jésus et de Marie, les secours nécessaires pour rester inébranlable dans ce qu'on a promis à Dieu, et l'on finit l'oraison en recommandant à Dieu les ames du purgatoire, les prélats de l'Eglise, les pécheurs, enfin les parents et amis, en disant : *Pater* et *ave*. S. François de Sales nous exhorte à retenir par cœur quelque sentence spéciale qui nous aura frappés dans notre oraison, afin de nous en souvenir dans le cours de la journée.

---

§ III.

Actes pour la préparation et l'action de grâces de la confession et de la communion.

Le pénitent, avant de se confesser, demandera à Dieu la lumière pour connaître les péchés qu'il a commis, et le priera de lui en inspirer un repentir profond et sincère et une ferme résolution de s'amender. Qu'il se recommande particulièrement à Marie affligée, pour qu'elle lui obtienne ce repentir ; après cela, il fera les actes suivants.

Avant la confession.

Dieu de majesté infinie, vous voyez à vos pieds le traître qui vous a tant de fois offensé, mais qui vient humblement vous demander le pardon de ses fautes. Seigneur, ne me repoussez pas. Vous ne mépriserez pas un cœur qui s'humilie ; *C r contritum et humiliatum Deus non despicies*. (Ps. 50.) Je vous remercie de m'avoir attendu jusqu'à présent et de ne m'avoir pas fait mourir quand j'étais dans le péché. J'espère, ô par les mérites de Jésus-Christ, que, puisque vous m'avez attendu, ô mon Dieu ! vous me pardonnerez en cette confession tous les péchés que j'ai commis. Je m'en repens, Seigneur, je m'en afflige, parce que par eux j'ai mérité l'enfer et je me suis rendu indigne du Paradis.

Mais si je m'en repens, ce n'est pas tant parce qu'ils m'ont fait mériter l'enfer que parce qu'ils vous ont offensé, ô bonté infinie ! je vous aime, ô bien suprême ! et parce que je vous aime, je me repens de tous les outrages que je vous ai faits. Je vous ai abandonné, je vous ai manqué de respect, j'ai méprisé votre grâce et votre amitié; enfin, Seigneur, je vous ai volontairement perdu. Pardonnez-moi, pour l'amour de Jésus-Christ, tous mes péchés: je m'en repens de tout mon cœur; je les déteste, je les abhorre, et je me repens non seulement de mes péchés mortels, mais aussi de mes péchés véniels, parce qu'ils vous ont également offensé. Je me propose à l'avenir de ne plus vous offenser volontairement. Oui, mon Dieu, plutôt mourir que de jamais plus pécher. (Si vous devez vous confesser de quelque péché dans lequel vous retombiez souvent, il faut prendre la résolution de ne plus le commettre, promettre d'en fuir les occasions, et demander à votre confesseur les moyens les plus efficaces pour vous corriger.)

Actes après la confession.

Mon aimable Jésus, que je vous dois de reconnaissance ! J'espère que, par les mérites de votre sang, vous m'avez déjà absous de mes péchés. Je vous en remercie de tout mon cœur. Je brûle du désir d'aller célébrer éternellement dans le ciel votre miséricorde. Mon Dieu ! je vous ai souvent perdu jusqu'à présent; mais je ne veux plus vous perdre désormais. Je veux changer de vie; vous méritez tout mon amour; je veux vous aimer pour tout de bon; je ne veux plus me voir séparé de vous; je vous ai déjà promis de plutôt mourir que de vous offenser, je renouvelle aujourd'hui ma promesse et je veux la tenir.

Je vous promets de fuir l'occasion du péché et de prendre tel moyen (*désignez-le*) pour ne plus succomber. Mais, ô mon Dieu ! vous connaissez ma faiblesse. Accordez-moi la grâce de vous être fidèle jusqu'à la mort, et d'avoir recours à vous chaque fois que je serai tenté. Marie, secourez - moi; vous êtes la mère de la persévérance, je fonde en vous toutes mes espérances.

Préparation à la communion.

Il n'y a pas de moyen plus efficace pour se délivrer des péchés et faire des progrès dans l'amour de Dieu, que la sainte communion. Mais pourquoi donc certaines ames, après tant de communions, ont-elles toujours la même tiédeur et les mêmes défauts ? Cela vient de leurs faibles dispositions et du peu de préparation qu'elles y apportent. Cette préparation implique deux conditions : la première, c'est de débarrasser son cœur de toute affection qui puisse être un obstacle à l'amour divin; la seconde, c'est d'avoir un grand désir d'aimer Dieu. St. François de Sales dit que ce doit être là notre but principal en communiant. *On ne doit recevoir, dit-il, que par amour un Dieu qui ne se donne à nous que par amour.* Pour cela, il faudra faire les actes suivants :

Actes avant la communion.

Mon bien-aimé Jésus, vrai Fils de Dieu, qui, pour me sauver, mourûtes un jour sur la croix, dans une mer d'opprobres et de douleurs, je crois fermement que vous résidez dans le très saint sacrement, et je suis prêt à donner ma vie pour cet article de ma foi.

Aimable Rédempteur, j'espère de votre bonté, et par les mérites de votre sang, qu'en venant à moi ce matin, vous m'enflammerez de votre saint amour, et me donnerez toutes les grâces qui me sont nécessaires pour vous être obéissant et fidèle jusqu'à la mort. O mon Dieu, véritable et unique ami de mon ame! que pouviez-vous faire de plus pour m'obliger à vous aimer ? Vous ne vous êtes pas contenté, ô mon amour! de mourir pour moi; vous avez voulu encore instituer le S. Sacrement, et vous faire ma nourriture pour vous donner entièrement à moi, et vous unir tout entier avec une créature aussi repoussante et aussi ingrate que moi. Vous m'invitez vous-même à vous recevoir, et vous désirez ardemment que je vous reçoive. O amour immense! un Dieu qui se donne tout à moi! O mon Dieu! ô aimable infini! digne aussi d'un amour infini, je vous aime par-dessus tout, je vous aime de tout mon cœur, je vous aime plus que moi-même, plus que ma vie; je vous aime, parce que vous le méritez; je vous aime pour vous plaire, puisque vous tenez tant à mon amour. Sortez de mon ame, attachemens terrestres! Je ne veux donner mon amour qu'à vous seul, ô mon Jésus, ô mon Sauveur, ô mon trésor! Ce matin, vous vous donnez tout à moi; je me donne aussi tout à vous. Acceptez-moi, permettez-moi de vous aimer ; je ne veux aimer que vous, je ne veux faire que ce qui vous plaira. Je vous aime, ô mon Sauveur! et j'unis mon misérable amour à celui que vous portent les Anges et les Saints, à l'amour de votre mère Marie, à celui de votre divin Père. O que ne puis-je vous voir aimé de tous les hommes! oh! que ne puis-je les forcer à vous aimer, à vous aimer autant que vous le méritez!

Je m'approche de l'autel pour me nourrir de votre divin corps. O mon Dieu! que suis-je? qu'êtes-vous? vous êtes un Seigneur d'infinie bonté, et moi je ne suis qu'un impur vermisseau, souillé de mille péchés, et qui tant de fois vous ai chassé de mon ame. *Domine, non sum dignus.* Seigneur, je ne suis pas même digne de rester en votre présence; je mériterais de brûler à jamais dans l'enfer loin du ciel et de vous. Mais votre bonté m'appelle à vous recevoir : me voici donc, confus et humilié, accablé du souvenir des déplaisirs que je vous ai causés; mais je me confie en votre pitié et en l'amour que vous me portez. Que je regrette, ô aimable Rédempteur! de vous avoir tant offensé par le passé; vous avez sacrifié votre vie pour moi, et moi que de fois j'ai méprisé votre grâce et votre amour, je vous ai quitté pour suivre de vains caprices! Je me repens de tout mon cœur de tous les péchés que j'ai commis, graves ou légers, parce qu'ils vous ont offensé, ô bonté infinie! J'espère que vous m'avez déjà pardonné; mais si vous ne m'avez pas encore pardonné, pardonnez-moi, Seigneur, avant que je vous reçoive. Oh! recevez-moi promptement dans votre grâce, ô mon Dieu! puisque dans peu d'instans vous allez habiter au dedans de moi-même. O mon Jésus! entrez dans mon ame qui vous désire, qui vous appelle de tous ses vœux : mon unique bien, mon bien infini, ma vie, ma joie, mon tout, je voudrais vous recevoir aujourd'hui avec cet amour, avec lequel vous re-

çoivent les ames qui vous aiment le plus, et avec cette
ferveur avec laquelle vous recevait votre sainte Mère.
J'unis ma communion avec les siennes, ô Vierge bienheureuse, ô ma mère! donnez-moi votre fils ! je veux le
recevoir de vos mains; dites-lui que je suis votre serviteur, afin qu'il me presse plus amoureusement contre son
cœur, tout-à-l'heure quand il va venir.

Actes après la communion.

*L'instant qui suit la communion est un instant pré-
cieux ; on y peut gagner des trésors de grâces ; car
l'ame étant alors unie avec Jésus-Christ, nos prières
et nos actes ont plus de mérite et de valeur qu'en tout
autre temps. Ste-Thérèse dit que le Seigneur est
alors dans notre ame comme sur un trône de miséricorde, et qu'il lui dit: Ma fille, demande-moi ce
que tu veux, je ne suis entré en toi que pour te faire
du bien. Oh! quelles faveurs spéciales reçoivent ceux
qui, après la communion, veulent s'entretenir avec
Jésus-Christ! Le vénérable père Avila, après la communion, ne manquait pas de faire oraison pendant
deux heures, et S. Louis de Gonzague employait
trois jours à remercier Jésus-Christ. Faites donc les
actes suivants, et tâchez pendant le reste de la journée de vous tenir uni par des affections et des prières
au divin Sauveur que vous avez reçu le matin.*

O mon Jésus! vous êtes donc venu en moi! vous y
êtes maintenant, vous vous êtes fait tout à moi ; soyez
le bien venu, ô mon bien aimé Rédempteur ! Je vous
adore et me jette à vos pieds, je vous embrasse, je vous
presse sur mon cœur. Je vous remercie d'avoir daigné
entrer dans ma poitrine : ô Marie, ô mes saints patrons,
ô mon ange gardien! remerciez Dieu pour moi. Puisque,

ô mon divin roi! vous avez bien voulu venir visiter mon
ame, je vous donne ma volonté, ma liberté et tout moi-
même. Vous vous êtes donné tout à moi, je me donne
tout à vous; je ne veux plus m'appartenir désormais,
je veux être à vous, oui, tout à vous. Mon ame, mon
corps, mes puissances, mes sens, tout cela est à vous;
je ne les emploîrai plus qu'à vous servir et vous plaire;
je vous consacre toutes mes pensées et tous mes désirs,
toutes mes affections, toute ma vie. Je vous ai assez offensé jusqu'à présent, ô mon Jésus ! ce qui me reste de
vie, je veux le dépenser à vous aimer, vous qui m'avez
tant aimé.

Acceptez, Dieu de mon ame, le sacrifice que vous
fait un malheureux pécheur qui brûle du désir de vous
aimer et de vous complaire. Disposez de moi, Seigneur,
et de tout ce que je possède; que votre amour détruise
en moi toutes les affections qui vous déplaisent, afin que
je sois tout à vous et ne vive que pour vous aimer.

Je ne vous demande pas les biens terrestres, les
plaisirs, les honneurs; donnez-moi seulement, je vous
en supplie, par les mérites de votre passion, une continuelle douleur de mes péchés; accordez-moi votre lumière pour que je connaisse la vanité des biens du monde
et combien vous méritez d'être aimé. Détachez-moi de
toutes les créatures, attachez-moi à vous. Faites que
désormais ma volonté ne veuille et ne désire que ce que
vous voulez. Donnez-moi patience et résignation dans
les souffrances, dans la pauvreté, dans toutes les choses
contraires à mon amour-propre. Donnez-moi la douceur
envers ceux qui me méprisent. Donnez-moi une sainte
mort. Donnez-moi votre saint amour. Je vous prie surtout de me donner la persévérance dans votre grâce
jusqu'à la mort. Ne me laissez pas m'éloigner de vous.
Jesu dulcissime , ne permittas me separari a te. Je

vous demande en même temps la grâce de recourir toujours à vous, et d'invoquer votre secours, ô mon Jésus! dans toutes mes tentations.

O père éternel! Jésus votre fils m'a promis que vous m'accorderiez tout ce que je vous demanderais en son nom : *Si quid petieritis patrem in nomine meo, dabit vobis.* (Jo. 16. 23.) C'est donc au nom et par les mérites de ce fils bien-aimé que je vous demande votre amour et la sainte persévérance, afin qu'un jour j'aille vous aimer dans le ciel de toutes mes forces et célébrer éternellement votre miséricorde, assuré de ne jamais plus me séparer de vous.

O Marie, mère de Jésus, mon espérance! obtenez-moi la grâce de vous aimer toujours et de me recommander toujours à vous dans tous mes besoins.

§ IV.

Manière d'entendre la messe.

La messe est la même action qui eut lieu sur le Calvaire; avec cette différence que sur le Calvaire le sang de Jésus-Christ fut répandu réellement, et qu'il est répandu mystiquement sur l'autel. Par la messe, sont appliqués d'une manière particulière aux ames les mérites de la passion de Jésus-Christ. Pour l'entendre avec fruit, il faut donc connaître le but dans lequel elle fut instituée, qui est : I. Pour honorer Dieu. II. Pour le remercier de ses bienfaits. III. Pour expier nos péchés. IV. Pour obtenir les grâces. Pendant la messe vous pouvez donc dire l'oraison suivante :

Père éternel, je vous offre en sacrifice votre fils Jésus, avec tous les mérites de sa passion. I. En l'honneur de votre majesté. II. En reconnaissance des bienfaits dont vous m'avez comblé, et de ceux que j'espère recevoir de vous durant toute l'éternité. III. En expiation de mes péchés et de ceux de tous les vivans et de tous les morts. IV. Pour obtenir le salut éternel et toutes les grâces nécessaires pour me sauver.

Quand le prêtre élève l'hostie, dites : Mon Dieu, pour l'amour de votre fils, pardonnez-moi, accordez-moi la sainte persévérance. *Quand le prêtre élève le calice :* Par le sang de Jésus donnez-moi votre amour et une sainte mort. *Quand le prêtre communie, faites la communion spirituelle en disant :* Mon Jésus, je vous aime et vous désire. Je vous embrasse et ne veux plus me séparer de vous.

---

§ V.

Actes à faire en visitant le **T. S. Sacrement** et la divine mère.

Jésus-Christ, mon Seigneur qui par l'amour que vous portez aux hommes résidez nuit et jour dans ce Sacrement, plein de pitié et d'amour, attendant, appelant et accueillant tous ceux qui viennent vous visiter. Je vous crois présent dans le Sacrement de l'autel. Je vous adore dans l'abîme de mon néant ; et je vous remercie de toutes les grâces que vous m'avez faites, et surtout de vous être donné à moi en ce Sacrement, de m'avoir donné votre mère, Marie, pour ma protectrice, et de m'avoir inspiré de venir vous adorer dans cette église. Je salue votre très aimable et très tendre cœur, et je le salue dans une triple intention : d'abord pour vous remercier de ce grand bienfait ; ensuite pour réparer toutes les injures que vous avez reçues dans ce Sacrement de la part des infidèles, des hérétiques et des mauvais chrétiens; et finalement, en vous adorant ici, je veux vous adorer dans tous les autres lieux de la terre où vous êtes, dans votre Sacrement, moins honoré, et plus abandonné. Mon Jésus, je vous aime de tout mon cœur; je me repens d'avoir tant de fois outragé votre bonté infinie. Je me propose avec votre grâce de ne plus vous offenser à l'avenir; et dès à présent, tout misérable que je suis, je me consacre entièrement à vous. J'abdique en vos mains toutes mes volontés, tous mes désirs, tous mes penchants, tout ce qui est à moi. Dès à présent faites de moi et de ce qui m'appartient tout ce qu'il vous plaira. Je ne cherche, je ne veux que votre saint amour, la persévérance finale, l'accomplissement parfait de votre volonté. Je vous recommande les ames du purgatoire, et surtout celle qui ont été les plus dévotes au très saint Sacrement et à la très sainte Marie votre mère. Je vous recommande aussi tous les pauvres pécheurs. J'unis tous mes sentimens à ceux de votre cœur, ô mon bien-aimé maître! Et je les offre au Père éternel que je prie en votre nom d'accepter mes prières et de les exaucer.

Actes à faire en visitant l'image de Marie.

Très Sainte Vierge immaculée, ô Marie, ô ma mère, mère de mon Sauveur, reine du monde, avocate, espérance, refuge des pécheurs! le plus misérable des pécheurs ose aujourd'hui recourir à vous. Je vous adore, ô souveraine des cieux! je vous remercie des grâces que vous m'avez obtenues jusqu'à présent, et surtout de m'avoir delivré de l'enfer que j'ai tant de fois mérité. Je vous aime, ô aimable reine! et pour l'amour que je vous porte, je vous promets de toujours vouloir vous servir, et de faire tout mon possible pour que les autres vous servent. Je mets en vous toutes mes espérances, tout mon salut; recevez-moi au nombre de vos serviteurs, et accueillez-moi sous votre protection, ô mère de miséricorde ! Et puisque vous êtes toute puissante auprès de Dieu, délivrez-moi de toutes les tentations, ou obtenez-moi la force de les vaincre jusqu'à la mort. Mère de Dieu, par l'amour que vous lui portez, je vous prie de toujours m'aider, et surtout au dernier instant de ma vie. Ne me quittez pas que vous ne m'ayez vu sauvé, dans le ciel, occupé à vous bénir, et à chanter éternellement vos miséricordes. *Amen.* Ainsi j'espère. Ainsi soit-il.

---

§ VI.

Actes à faire, le soir, avant de se coucher.

Avant de vous livrer au repos, faites l'examen de votre conscience en cette manière. Remerciez d'abord le Seigneur de tous les bienfaits que vous en avez reçus. Passez ensuite en revue toutes les actions que vous aurez faites, toutes les paroles que vous aurez dites dans toute votre journée ; repentez-vous de tous les péchés que vous avez commis. Après quoi, faites les actes suivants.

ACTES CHRÉTIENS.

Acte de foi.

Mon Dieu, vérité infaillible, je crois tout ce que la sainte Eglise m'ordonne de croire, parce que vous le lui avez vous-même révélé. Je crois que vous êtes mon Dieu, le créateur de l'univers, qui récompensez les justes par l'éternité du Paradis , et châtiez les méchants par l'éternité de l'enfer. Je crois que vous êtes un dans l'essence, et triple dans les personnes, c'est-à-dire , Père, Fils et Saint Esprit. Je crois l'incarnation et la mort de Jésus-Christ. Je crois enfin tout ce que croit la sainte Eglise. Je vous remercie de m'avoir fait chrétien , et je proteste que je veux vivre et mourir dans cette sainte foi.

Acte d'espérance.

Mon Dieu , plein de confiance dans vos promesses, parce que vous êtes puissant, fidèle et miséricordieux , j'espère, par les mérites de Jésus-Christ, le pardon de mes péchés , la persévérance finale et la gloire du Paradis.

Acte d'amour et de repentir.

Mon Dieu , parce que vous êtes la bonté infinie , digne d'un amour infini, je vous aime de tout mon cœur, par dessus toutes choses, et, pour l'amour de vous, j'aime aussi mon prochain. Je me repens, Seigneur, de tous mes péchés ; je m'en repens de tout mon cœur, parce qu'ils vous offensent, bonté infinie. Je fais le ferme propos de mourir plutôt que de jamais plus vous offenser, moyennant votre grâce que je vous demande pour à présent , et pour toujours. Je prends aussi la résolution de recevoir les saints sacrements pendant toute ma vie et à l'heure de ma mort. (Chaque fois qu'on fait ces actes chrétiens, on gagne sept années d'indulgence ; et, au bout d'un mois, indulgence plénière en se confessant et communiant selon la concession du pape Benoît XIV.)

Finissez en disant le rosaire et les litanies de la Sainte Vierge.

Actes de dévotion à faire tous les jours.

Je vous adore, ô mon Dieu ! et je m'humilie devant votre majesté infinie. Je crois fermement, parce que vous l'avez dit, tout ce que la sainte Église m'enseigne, et je suis prêt à donner mille fois la vie pour cette croyance.

Je mets toute mon espérance en vous ; tous les biens que je puis posséder dans cette vie et dans l'autre, je les espère tous de vous par les mérites de Jésus-Christ. Je vous aime, ô bonté infinie ! de tout mon cœur, parce que vous le méritez. J'unis mon amour à celui que vous portent tous les Saints, la très Ste-Marie et Jésus-Christ.

Et parce je vous ai offensé, vous, mon souverain bien, je me repens de tout mon cœur de tous mes péchés, et j'en ai plus de regret que de tous les maux. Je me propose à l'avenir de mourir plûtot que de consentir jamais plus à un péché quelconque.

Je vous remets pour toujours mon corps et mon ame, mes facultés et mes sens, Seigneur ; faites de moi et de tout ce que je possède ce qu'il vous plaira. Donnez-moi votre amour et la persévérance finale, et faites qu'en toutes mes tentations j'aie toujours recours à vous.

Je me propose de ne plus m'occuper que des choses qui vous sont agréables. Je suis prêt à souffrir pour vous plaire toutes sortes de peines et de maux.

Je désire que vous soyez servi et aimé de tout le monde. Je vous recommande toutes les ames du purgatoire et tous les pécheurs. Eclairez, fortifiez ces malheureux, faites qu'ils vous connaissent et vous aiment.

Je me réjouis de ce que votre bonheur est infini et n'aura point de terme.

Je vous remercie de tous les bienfaits que vous avez répandus sur tous les hommes, mais en particulier sur moi qui ai été le plus ingrat de tous.

Mon aimable Jésus, je me réfugie dans vos bras. Défendez-moi de toutes les tentations jusqu'à ce qu'il me soit donné de vous aimer et de vous voir éternellement dans le Paradis.

VII.

Prières à Jésus et à Marie pour obtenir les grâces nécessaires au salut.

Prière à Jésus pour obtenir son saint amour.

Mon Jésus crucifié, je confesse que vous êtes le vrai fils de Dieu et mon Sauveur. Je vous adore, je vous remercie de la mort que vous avez soufferte pour moi, aimable Rédempteur : si, par le passé, je vous ai offensé, maintenant je m'en repens, et ne désire plus que de vous aimer. Vous avez promis d'exaucer ceux qui vous implorent. Par les mérites de votre passion, je vous demande votre saint amour. Oh! tirez à vous tout mon cœur, faites que je vous aime dès à présent de toutes mes forces et que je n'aime que vous, et qu'ainsi je puisse aller un jour vous aimer éternellement dans le Paradis.

Prière pour obtenir la persévérance finale.

Dieu suprême et éternel, je vous remercie de m'avoir créé, de m'avoir fait racheter par Jésus-Christ, de m'avoir appelé au christianisme et rendu participant de la vraie foi, de m'avoir attendu à pénitence après tant

18.

de péchés. Bonté infinie, je vous aime par-dessus tout.
Je me repens de tout mon cœur des offenses que je vous
ai faites. J'espère que vous m'avez déjà pardonné. Mais
je suis en danger de retomber dans le péché. Je vous
demande, pour l'amour de Jésus-Christ, la sainte persévérance jusqu'à la mort. Vous connaissez ma faiblesse.
Ah! secourez-moi, Seigneur, faites que je ne me sépare
plus de vous. Faites-moi mourir mille fois plutôt que de
permettre que je perde votre grâce. O Marie, ô ma
mère! obtenez-moi la sainte persévérance.

Autre prière pour obtenir la persévérance finale.

Père éternel, je vous adore humblement et je vous remercie de m'avoir créé et racheté au prix du sang de
Jésus-Christ. Je vous remercie de m'avoir fait chrétien,
de m'avoir donné la vraie foi, et de m'avoir adopté pour
fils par le moyen du saint baptême. Je vous rends grâce
de m'avoir si long-temps attendu à la pénitence après
tant de péchés, et de m'avoir pardonné (comme je l'espère) toutes les offenses que je vous ai faites. Je me
repens de nouveau de vous avoir causé du déplaisir,
bonté infinie. Je vous remercie aussi de m'avoir préservé de tant de rechutes que j'aurais faites, si votre
main ne m'eût retenu. Mais mes ennemis ne cessent et
ne cesseront jamais de m'attaquer jusqu'à la mort, pour
me faire leur esclave. Si vous ne me gardez, si vous ne
venez à mon secours, j'aurai encore le malheur de perdre
votre grâce. Je vous prie donc, pour l'amour de Jésus-
Christ, de m'accorder la sainte persévérance jusqu'à la
mort. Jésus, votre fils, nous a promis que tout ce que
nous vous demanderions en son nom nous serait accordé.
Par les mérites de Jésus-Christ, je vous demande donc,
pour moi et pour tous ceux qui sont en votre grâce, la

grâce de ne jamais plus nous séparer de vous, afin de pouvoir vous aimer toujours en cette vie et en l'autre. Marie, Mère de Dieu, priez Jésus pour moi.

La même prière pour obtenir la persévérance finale.

Dieu éternel, je vous adore et vous remercie de m'avoir créé, et sauvé par le moyen de Jésus-Christ, de m'avoir fait naître enfant de la sainte Eglise et de m'avoir attendu quand j'étais en péché; de m'avoir pardonné tant de fois, et préservé de tant de fautes dans lesquelles je serais retombé si vous ne m'aviez secouru par votre grâce. Mais mes ennemis ne cesseront de me combattre jusqu'à la mort; si vous ne me prêtez votre appui, je vous offenserai encore plus qu'auparavant. Pour l'amour de Jésus-Christ, donnez-moi la sainte persévérance. Jésus-Christ nous a promis que vous nous accorderiez toutes les grâces que nous vous demanderions en son nom. Je vous demande donc par les mérites de votre Fils la grâce de ne plus m'éloigner de vous : *Ne permittas me separari a te.* Je vous demande la même grâce pour tous les hommes qui jouissent de votre amitié. Je suis certain que, si je continue de vous demander la persévérance, je l'obtiendrai, parce que vous avez promis d'exaucer ceux qui vous implorent. Mais je crains de négliger les occasions de me recommander à vous, et de m'exposer ainsi à vous perdre. Je vous demande, au nom de Jésus et de Marie, la grâce de ne jamais cesser de prier. Faites que dans mes tentations j'aie toujours recours à vous, invoquant les noms de Jésus et de Marie. J'espère ainsi, ô mon Dieu ! de mourir en votre grâce, et d'aller vous aimer en Paradis, où je serai assuré de ne plus me séparer de vous, et de vous aimer pour toute l'éternité. *Amen.*

Prière à Jésus pour obtenir son saint amour.

Mon amour crucifié, mon bien aimé Jésus, je vous crois et je vous confesse pour véritable, et unique Fils de Dieu, et mon Sauveur. Je vous adore de l'abîme de mon néant, et vous remercie de la mort que vous avez soufferte pour moi, afin de m'obtenir la vie de la grâce divine. Mon bien aimé Rédempteur, je vous dois tout mon salut. C'est par vous que jusqu'à présent j'ai été délivré de l'enfer. C'est par vous que j'ai obtenu le pardon de mes péchés. Mais, ingrat que je suis, au lieu de vous aimer, je vous ai offensé de nouveau. Je mériterais d'être condamné à ne plus nous aimer; mais non, ô mon Jésus! infligez-moi tout autre châtiment que celui-là. Si par le passé je ne vous ai pas aimé, maintenant je vous aime et je ne désire que de vous aimer de tout mon cœur. Mais sans votre secours je ne puis rien. Puis donc que vous me commandez de vous aimer, donnez-moi la force d'exécuter vos ordres, si doux et si aimables. Vous avez promis d'accorder tout ce qui vous est demandé : *Quodcumque volueritis ; petetis et fiet vobis.* (Jo. 15. 7.) Confiant en cette promesse, mon aimable Jésus, je vous demande d'abord le pardon de mes péchés dont je me repens de tout mon cœur, parce qu'ils vous ont offensé, vous, l'infinie bonté. Je vous demande la persévérance dans votre grâce jusqu'à la mort. Mais je vous demande surtout le don de votre saint amour. O mon Jésus, mon espérance, mon amour et mon tout! embrasez-moi de ce feu sacré que vous vîntes allumer sur la terre. *Tui amoris in me ignem accende;* et, pour cela, faites que je vive toujours dans la conformité à votre sainte volonté. Faites que je sente toujours plus vivement combien vous méritez d'être aimé, et combien vous m'avez aimé en

mourant pour moi. Faites que je vous aime de tout mon
cœur, que je vous aime à jamais, et que je vous demande
sans cesse en cette vie la grâce de vous aimer, afin que
vivant, et mourant en votre amour, j'aille un jour vous
aimer de toutes mes forces dans le ciel, pour ne plus
cesser, de toute l'éternité.

Mère du bel amour, Marie, mon refuge et mon avocate, de toutes les créatures la plus aimable, la plus
aimée de Dieu, la plus remplie de son amour, vous qui
ne désirez que de le voir aimé de tous. Ah ! par l'amour
que vous portez à Jésus-Christ, priez pour moi, et obtenez-moi la grâce de l'aimer toujours, et de tout mon
cœur. C'est à vous que je la demande, et de vous que
je l'attends. *Amen.*

Autre prière à dire chaque jour pour obtenir la même grâce.

Mon amour crucifié, mon très aimable Jésus, je vous
crois, je vous confesse pour le vrai Fils de Dieu, et le
Sauveur du monde ; je vous adore de l'abîme de ma misère et vous remercie de la mort que vous avez bien voulu
souffrir pour m'obtenir la vie de la grâce divine. Oh !
le plus fidèle des amis ! Oh ! le plus tendre des pères !
Oh ! le plus aimable des maîtres ! mon bien aimé Rédempteur, je vous dois mon salut, mon ame, mon corps et tout
mon être. C'est vous qui m'avez délivré de l'enfer, c'est
vous qui m'avez obtenu le pardon de mes péchés ; c'est
par votre entremise que l'espérance du Paradis m'a été
accordée. Mais, ingrat que je suis ! au lieu de vous aimer,
après tant de miséricordes, après un tel excès d'amour,
je vous ai encore offensé. Je le vois, je mériterais d'être
condamné à ne plus vous aimer ; mais non, ô mon Jésus !
choisissez tout autre châtiment, et ne m'infligez pas
celui-là : si par le passé je vous ai méprisé, maintenant

je vous aime et désire vous aimer de tout mon cœur. Mais vous savez déjà que, sans votre secours, je ne puis rien, puis donc que vous m'ordonnez de vous aimer, et que vous m'offrez toutes vos grâces pourvu que je vous les demande en votre nom, moi plein de confiance en votre bonté et en la promesse que vous m'avez faite en disant : *Si quid petieritis patrem in nomine meo, hoc faciam.* (Jo. 14. 14.) Je me présente, pauvre que je suis devant le trône de votre miséricorde; et par les mérites de votre passion, je vous demande le pardon de tous mes péchés dont je me repens amèrement, parce qu'ils vous ont offensé, vous la bonté infinie : pardonnez-moi donc, Seigneur, et avec votre pardon donnez-moi la sainte persévérance jusqu'à la mort, et, tout de suite, faites-moi don de votre saint amour. O mon Jésus, mon espérance, mon unique amour, ma vie, mon trésor, mon tout ! répandez sur mon ame cette lumière de la vérité et ce feu d'amour que vous êtes venu apporter aux hommes. Faites-moi toujours mieux connaître les augustes perfections qui vous rendent digne d'être aimé, et l'amour immense que vous m'avez porté jusqu'à vouloir tant souffrir et mourir pour moi ; oh ! faites que j'aie en moi ce même amour avec lequel vous aime votre Père éternel. Et comme ce divin Père est en vous et qu'il est une même chose avec vous, faites aussi que je sois en vous par un véritable amour, et que je devienne une seule chose avec vous par une union parfaite de votre volonté avec la mienne. Accordez-moi donc, ô mon Jésus ! la grâce de vous aimer de tout mon cœur, de vous aimer toujours, et de vous demander toujours la grâce de vous aimer, afin que, finissant ma vie dans votre amour, j'aille au ciel vous aimer d'un amour plus pur et plus parfait, sans jamais plus cesser de vous posséder durant toute l'éternité.

O mère du bel amour, vierge très sainte, ma protectrice, ma mère et mon espérance après Jésus, ô vous qui aimez Dieu plus que toutes les créatures, et qui ne désirez que de le voir aimé de toutes les ames ! oh ! pour l'amour de ce fils qui mourut sous vos yeux pour mon salut, priez pour moi, et obtenez-moi la grâce de l'aimer toujours et de tout mon cœur. C'est à vous que je la demande; c'est de vous que je l'espère.

Prière pour obtenir la confiance dans les mérites de Jésus et dans l'intercession de Marie.

Père éternel, je vous remercie, autant que je le puis, de ma part et de celle de tous les hommes, pour la bonté que vous avez eue d'envoyer votre divin fils sur la terre, afin qu'il se fît homme et mourût pour nous sauver : je vous en remercie et je voudrais en reconnaissance vous rendre autant d'amour qu'en mérite un aussi grand bienfait. Par les mérites de Jésus-Christ, vous nous pardonnerez nos péchés, car il a satisfait à votre justice en portant les peines que nous avions encourues. Par ces mérites vous nous recevez dans votre grâce, nous malheureux pécheurs qui ne sommes dignes que de honte et de châtiment. C'est par eux que vous admettez les hommes à régner dans le paradis; c'est par eux enfin que vous vous êtes obligé à accorder toutes les grâces, et tous les dons que nous vous demanderons au nom de Jésus-Christ. Je vous remercie encore, ô bonté infinie ! de ce que, pour accroître notre confiance, après nous avoir donné Jésus-Christ pour Rédempteur, vous nous avez encore donné pour avocate Marie, votre fille bien aimée, afin qu'avec ce cœur plein de miséricorde que vous lui avez donné, elle soit sans cesse occupée à secourir de son intercession tous les pécheurs qui ont recours à elle; et vous avez rendu cette intercession si puissante auprès de vous, que vous ne savez pas lui refuser la plus petite des grâces qu'elle vous demande.

Vous voulez donc que nous ayons une entière confiance en les mérites de Jésus, et en l'intercession de Marie; mais cette confiance est un don de votre part, et un grand don que vous n'accordez qu'à ceux que vous voulez sauver. Cette confiance dans le sang de Jésus-Christ, et dans le patronage de Marie, je vous la demande donc par les mérites de Jésus et de Marie. Je m'adresse à vous aussi, aimable Rédempteur. C'est pour m'acquérir cette confiance en vos mérites que vous avez sacrifié votre vie sur la croix pour moi qui n'étais digne que de châtiment. Faites donc que j'aie une espérance sans bornes, une confiance véritable dans les mérites de votre passion. Et vous, ô Marie! ma mère, et mon espérance après Jésus-Christ, obtenez-moi une ferme confiance, d'abord dans les mérites de Jésus, votre fils, et ensuite dans l'entremise de vos prières; prières toutes puissantes qui obtiennent de Dieu tout ce qu'elles demandent. O mon bien aimé Jésus! ô ma douce Marie! je me confie en vous; je vous remets mon ame; vous qui l'avez tant aimée, ayez-en pitié et sauvez-la.

Prière pour obtenir la grâce de toujours prier.

O Dieu de mon ame! j'espère par votre bonté être en votre grâce; j'espère que vous m'avez pardonné de toutes les offenses que je vous ai faites. Je vous en remercie de tout mon cœur, et j'espère vous en remercier pendant toute l'éternité. *Misericordias Domini in æternum cantabo.* Je vois que, si je suis si souvent tombé en péché, c'est parce que j'ai négligé d'avoir recours à vous dans les tentations, et de vous demander la sainte persévérance. A l'avenir, je me propose fermement de me recommander toujours à vous. et surtout lorsque je me verrai en danger de vous offenser de nouveau : je me propose de recourir toujours à votre miséricorde et d'invoquer les très saints noms de Jésus et de Marie, certain que vous ne me refuserez pas alors les forces qui me manquent pour résister à mes ennemis. Je me propose de faire ainsi et je le promets. Mais à quoi serviront, ô mon Dieu ! toutes mes promesses, si vous ne m'aidez pas par votre grâce à les exécuter, si vous ne m'aidez pas à recourir à vous dans mes dangers ? O Père éternel ! aidez-moi pour l'amour de Jésus-Christ, et ne permettez pas que je cesse jamais de me recommander à vous toutes les fois que je serai tenté. Je suis certain que vous viendrez toujours à mon secours quand je m'adresserai à vous; mais je crains de négliger alors de me recommander à vous et que cette négligence ne soit la cause de ma ruine et ne me fasse perdre votre grâce qui est le plus précieux des biens. Ah ! par les mérites de Jésus-Christ, donnez-moi la grâce de la prière ; mais une grâce abondante qui me fasse prier sans cesse et avec ferveur. ô Marie ! ô ma mère ! toutes les fois que j'ai eu recours à vous, vous m'avez obtenu le secours qui m'a empêché de tomber. Je m'adresse encore à vous pour que vous m'obteniez une grâce plus grande, celle de me recommander dans mes besoins à votre divin fils et à vous: ô ma souveraine ! vous obtenez de Dieu tout ce que vous lui demandez, obtenez-moi maintenant, par l'amour que vous avez pour Jésus, la grâce de prier toujours et de ne jamais cesser de prier jusqu'à la mort. *Amen.*

Prière à faire chaque jour, pour obtenir les grâces nécessaires
au salut.

O Père éternel! votre Fils nous a promis que vous
nous accorderiez toutes les grâces que nous vous demanderions en son nom. C'est donc au nom de Jésus-Christ
et par ses mérites que je vous demande pour moi et pour
tous les hommes les grâces suivantes : 1° Je vous prie
de me donner une vive foi en tout ce que m'enseigne la
Sainte Église romaine ; accordez-moi aussi votre lumière, qui me fasse connaître la vanité des biens terrestres et la grandeur du bien infini qui est vous ; faites-
moi connaître aussi la laideur de mes péchés, afin que
je m'en humilie et les déteste ; révélez-moi votre bonté,
afin que je vous aime de tout mon cœur ; faites-moi
connaître aussi l'amour que vous m'avez porté, afin que
dès aujourd'hui je m'exerce à la reconnaissance pour
tous vos bienfaits. 2° Donnez-moi une ferme confiance
en votre miséricorde, qui me fasse espérer de recevoir,
par les mérites de Jésus-Christ et par l'intercession de
Marie, le pardon de mes péchés, la sainte persévérance,
et enfin la gloire du Paradis. 3° Inspirez-moi un vif
amour pour vous, qui me détache de toutes les affections de la terre et de moi-même, afin que désormais je
ne songe plus qu'à vous aimer, vous seul, et que je n'aie
plus d'autre soin, d'autre désir que votre gloire. 4° Je
vous prie de m'accorder une parfaite résignation à votre
volonté, laquelle me fasse accepter avec patience les
douleurs, les maladies, les mépris, les persécutions, les
aridités spirituelles, la perte des biens, de la réputa-
tion, des parents, et toute autre croix qui me viendra
de vos mains. Je m'offre tout à vous : faites de moi et
de tout ce qui est à moi tout ce qu'il vous plaira ; mais

donnez-moi lumière et force pour exécuter toutes vos volontés saintes, et surtout, au moment de la mort, aidez-moi à vous faire le sacrifice de ma vie, de bon cœur, en union à celui que vous offrit Jésus-Christ, votre Fils, sur le Calvaire. 5º Je vous demande un repentir sincère de mes péchés, qui me fasse vivre dans les larmes et la douleur jusqu'à la mort. Faites que je pleure continuellement les déplaisirs que je vous ai causés, ô mon souverain bien! vous qui êtes digne d'un amour infini et qui m'avez tant aimé! 6º Je vous prie de me donner l'esprit de la vraie humilité et de la vraie mansuétude, qui me fasse embrasser avec paix et même avec joie les mépris, l'ingratitude et les mauvais traitemens que je recevrai des hommes. Je vous prie aussi de m'accorder une charité parfaite, qui me fasse souhaiter du bien à ceux qui m'ont fait du mal, et m'employer à rendre service, autant que je le puis, du moins par mes prières, à tous ceux qui m'auront offensé. 7º Je vous prie de me donner de l'attrait pour la sainte vertu de mortification, afin que je consente à châtier mes sens rebelles et à briser mon amour-propre. Je vous prie de me donner la sainte pureté du corps avec les secours dont j'ai besoin pour résister à toutes les tentations déshonnêtes, et recourir toujours à vous et à votre très sainte Mère. Donnez-moi la grâce d'obéir ponctuellement aux ordres de mon père spirituel et de tous mes supérieurs; donnez-moi une intention droite, afin que tout ce que je ferai et désirerai soit pour votre gloire et pour votre bon plaisir. Donnez-moi une grande confiance en la passion de Jésus-Christ et dans l'intercession de Marie immaculée. Donnez-moi un grand amour pour le très Saint Sacrement de l'autel et une tendre dévotion pour votre Sainte Mère; Donnez-moi surtout la sainte persévérance et la grâce de vous la demander toujours, surtout dans les tentations et à l'heure de la mort.

Je vous recommande les saintes ames du purgatoire, mes parens et bienfaiteurs ; je vous recommande surtout ceux qui me haïssent et qui m'ont fait quelque offense ; je vous prie de leur rendre en bien tout le mal qu'ils m'ont fait ou qu'ils me souhaitent. Enfin, je vous recommande les infidèles, les hérétiques et tous les pauvres pécheurs ; donnez-leur assez de lumière et de force pour sortir du péché. O Dieu tout aimable ! faites-vous connaître, faites-vous aimer de tous, et surtout de moi, qui vous ai été plus ingrat que les autres ; faites que je vous aime et que j'aille un jour chanter éternellement votre miséricorde dans le ciel. Je l'espère par les mérites de votre sang et par la protection de Marie. O Marie, Mère de Dieu! priez Jésus pour moi. Ainsi j'espère, ainsi soit-il.

Prière pour obtenir les saintes vertus.

Mon Seigneur et mon Dieu, je vous demande d'abord, par les mérites de Jésus-Christ, votre sainte lumière pour connaître que tous les biens du monde ne sont que vanité, et que le seul bien véritable, c'est de vous aimer. Faites-moi connaître combien je suis indigne et combien vous méritez d'être aimé de tous et surtout de moi, pour l'amour que vous m'avez porté. Donnez-moi la sainte humilité, afin que j'embrasse avec joie tous les mépris que je recevrai des hommes. Donnez-moi un vif repentir de mes péchés ; faites-moi prendre goût à la sainte mortification ; faites que je combatte mes passions et que je dompte la rébellion de mes sens. Rendez-moi soumis envers mes supérieurs : accordez-moi la grâce de diriger toutes mes actions vers un seul but, celui de vous plaire. Donnez-moi la sainte pureté de l'ame et du corps et le détachement de toute chose qui ne tend pas à votre amour. Donnez-moi une grande confiance en la passion de Jésus-Christ et en l'intercession de la très sainte Marie. Donnez-moi surtout un grand amour, pour vous et une parfaite conformité à votre divine volonté.

Je vous recommande les ames du purgatoire, mes bienfaiteurs, mes parents et mes amis et tous ceux qui m'ont fait quelque affront ou causé quelque peine; je vous prie de les combler de toutes sortes de biens. Je vous recommande aussi les infidèles, les hérétiques et tous ceux qui sont dans le péché. Vous êtes digne d'un amour infini, ô mon Dieu! Faites donc que tout le monde vous connaisse et vous aime! Faites surtout que je vous aime, moi qui n'ai payé vos bienfaits que par l'ingratitude, moi qui vous ai tant de fois offensé! Faites que je vous aime beaucoup et que j'aille un jour dans le ciel chanter éternellement vos miséricordes. Marie très sainte, priez Jésus pour moi. *Amen.*

Prière d'une ame dévote à Marie et à Jésus.

Ma reine et ma mère, si vous me protégez, je ne dois pas craindre l'enfer, parce que vous employez vos prières et vos mérites pour tous ceux que vous protégez, et que Jésus-Christ ne sait rien vous refuser de ce que vous lui demandez. Par l'amour que vous portez à votre divin Fils, priez-le, Marie, d'avoir pitié de moi. Et vous, mon Jésus, par les prières et les mérites de votre sainte Mère et par le sang que vous avez répandu pour moi, délivrez-moi de l'enfer, parce que dans l'enfer je ne pourrais vous aimer. Mon Rédempteur, vous avez créé l'enfer pour m'effrayer; mais sachez que l'enfer et toutes ses peines ne m'effrayent pas, car celui qui peut vous aimer dans l'enfer et y être aimé de vous, celui-là n'est pas un damné, mais un bienheureux; l'enfer que je redoute, c'est d'être haï de vous. Délivrez-moi de cet enfer, par cette pitié qui vous a poussé à mourir pour moi au milieu des opprobres de la croix. Jésus et Marie, vous êtes mon amour, vous êtes mon espérance.

Prière à faire chaque jour pour obtenir la sainte persévérance.

Mon Dieu, je vous remercie de m'avoir pardonné, comme je l'espère, les offenses que je vous ai faites. Je vous aime par dessus tout ; je me repens par dessus tout d'avoir tant de fois insulté à votre majesté infinie. Je me propose de mourir plutôt que de vous offenser encore ; mais je crains que ma faiblesse ne me fasse retomber dans le péché. Oh! je vous prie par les mérites de Jésus-Christ, ne permettez pas que je demeure plus long-temps dans votre disgrâce. Et vous, Jésus mon Rédempteur, qui êtes mort sur la croix pour me sauver, faites que je ne me sépare plus de vous. Mon Jésus! Mon Jésus! exaucez-moi : *Ne permittas me separari a te, ne permittas me separari a te.* J'espère ainsi, par ce sang que vous avez si douloureusement répandu pour moi. Et vous Marie, ma mère et mon espérance, priez pour moi, et lorsque vous me verrez assailli de tentations, obtenez-moi la grâce de recourir tout aussitôt à vous et à votre bien-aimé Fils, en disant : *Aidez-moi, mon Jésus ; ma Mère, secourez-moi pour que je ne perde pas Dieu.* Ainsi faisant, j'espère mourir dans l'amour de Dieu, et dans le vôtre, et aller vous aimer à jamais dans le ciel.

Prière pour se consacrer à la Ste-Vierge.

Sainte-Vierge, Mère de Dieu, moi N., quoique indigne d'être votre serviteur, touché de votre admirable bonté, et par le désir de vous servir, je vous choisis aujourd'hui, en présence de mon ange gardien et de toute la cour céleste, pour ma protectrice, mon avocate et ma mère : je me propose fermement de vous servir toujours et de faire tout mon possible pour que les autres aussi vous servent. Je vous conjure donc, ô tendre mère ! par le sang de votre divin fils, répandu pour moi, de me mettre au nombre de vos serviteurs. Guidez-moi dans mes actions, et obtenez-moi la grâce que mes actions, mes pensées et mes paroles ne blessent jamais vos yeux très purs, ni ceux de votre fils Jésus. Souvenez-vons de moi, et ne m'abandonnez pas à l'heure de ma mort.

A MARIE TRÈS SAINTE,

Pour obtenir le pardon des péchés et la sainte persévérance.

O Mère de Dieu ! vous voyez à vos pieds un misérable pécheur qui a recours à vous et met en vous sa confiance. O mère de miséricorde, ayez pitié de moi ! Je vous entends appeler de tout le monde le refuge et l'espoir des pécheurs. Soyez donc mon refuge et mon espoir : c'est à votre intercession de me sauver. Secourez-moi pour l'amour de Jésus-Christ : tendez la main à un malheureux tombé dans le péché, qui se recommande à vous et se voue pour toujours à votre service. Je m'offre donc, ô reine du ciel ! à vous servir toute ma vie ; acceptez-moi, ne me repoussez pas comme je le mérite. O ma mère ! je fonde toutes mes espérances sur votre protection. Je bénis et je remercie Dieu mille fois de m'avoir donné par sa miséricorde une parfaite confiance en vous. Je regarde cette confiance comme les arrhes de mon salut. Hélas! que de fois je suis tombé, par le passé, faute d'avoir recouru à vous! J'espère, par les mérites de Jésus-Christ et par vos prières, que mes péchés m'ont été pardonnés. Je puis cependant perdre de nouveau la grâce divine. O ma souveraine! protégez-moi, ne permettez pas que je devienne de nouveau l'esclave de 'enfer. Aidez-moi toujours. Je sais qu'avec votre secours je triompherai de mes ennemis; je suis certain, d'ailleurs, que vous m'aiderez si je me recommande à vous; mais je crains d'être assez négligent pour oublier de vous appeler à moi dans les occasions dangereuses et de me perdre par cette négligence. Je vous demande donc la grâce de toujours recourir à vous dans les assauts de l'en-fer et de vous dire : *Marie, aidez-moi, aidez-moi, Marie, ô ma mère! faites que je ne perde pas mon Dieu!*

A MARIE TRÈS SAINTE,

Pour obtenir une bonne mort.

O Marie! quelle sera ma mort? Quand je considère mes péchés et que je songe à ce moment terrible où j'expirerai, où je serai jugé, je tremble, je me trouve confondu. O ma mère! toutes mes espérances sont dans le sang de Jésus-Christ et dans votre intercession. Consolatrice des affligés, ne m'abandonnez pas alors; consolez-moi, secourez-moi· Si vous ne venez à mon secours je me perdrai. O ma souveraine! obtenez-moi le repentir de mes péchés avant l'heure de la mort, obtenez-moi un amendement sincère, une fidélité inébranlable au Seigneur, jusqu'à mon dernier jour. Quand je serai parvenu au terme de ma carrière, dans ce moment critique, ô Marie! ô mon espérance! raffermissez mon cœur, faites que je ne me désespère pas à la vue de mes fautes, que le démon prendra plaisir à me rappeler. Faites que je vous invoque toujours et que j'expire en murmurant votre nom et celui de votre Fils. O ma reine! j'ose vous demander davantage; avant que je rende mon dernier soupir, venez vous-même me consoler par votre présence. Je suis un pécheur, je ne mérite pas une si grande grâce, mais je suis un de vos dévots; je vous aime, et j'ai mis toute ma confiance en vous. O Marie! je vous attends, ne trompez pas mon attente. Du moins, si je ne suis pas digne de cette faveur, assistez-moi d'en haut, et faites que je quitte la vie dans l'amour de Dieu et de vous, pour aller ensuite vous aimer éternellement dans le Paradis.

A MARIE TRÈS SAINTE,

Pour obtenir d'être délivré de l'Enfer et admis dans le Paradis.

O ma bien aimée reine! je vous remercie de m'avoir tant de fois tiré des mains du démon, tant de fois délivré de l'enfer que mes péchés m'avaient mérité. Malheureux, j'étais déjà condamné aux peines éternelles; peut-être, à mon premier péché, la terrible sentence allait s'exécuter si votre pitié, ô Marie, n'était venue à mon secours. Sans que je vous en eusse même priée, par votre seule bonté, vous arrêtâtes le bras de la justice divine prêt à me frapper; et, amollissant la dureté de mon cœur, vous m'invitâtes à mettre toute ma confiance en vous. Dans combien de crimes encore ne serais-je pas tombé, si vous ne m'eussiez préservé des dangers, ô mère de miséricorde! par les grâces que vous m'avez obtenues; ô reine du ciel ! ne vous lassez pas de me protéger. Ne me laissez pas à la merci de moi-même, je me perdrais ; faites que je m'adresse toujours à vous. Sauvez-moi, ô mon espérance ! sauvez-moi du péché qui seul pourrait m'entraîner en enfer. Faites que j'aille jouir éternellement de votre présence dans le Paradis. Je remercie infiniment le Seigneur de la confiance qu'il m'a inspirée en le sang de Jésus-Christ et en vous. J'espère que vous me sauverez, que vous me délivrerez du péché et que vous m'obtiendrez la lumière et la force pour exécuter la volonté de Dieu, et entrer ainsi à pleines voiles dans le paisible port du Paradis. Tous vos serviteurs vous ont demandé les mêmes grâces, et nul d'entr'eux n'a été trompé. Oh ! non, je ne serai pas plus trompé qu'eux tous. Vous avez donc à me sauver, ô Marie ! priez votre fils Jésus, et je l'en supplie moi-même, par les mérites de sa passion, d'augmenter toujours en moi cette sainte confiance, et je serai sauvé.

ORAISONS,

PENSÉES ET ORAISONS JACULATOIRES.

O Dieu ! qui sait quel sera mon sort ?
Je serai toujours heureux, ou toujours malheureux.
A quoi sert le monde entier sans Dieu ?
Perdons tout, mais ne perdons pas Dieu.
Je vous aime, ô mon Jésus, qui êtes mort pour moi !
Que ne suis-je mort avant de vous avoir offensé !
Plutôt mourir que perdre Dieu.
Jésus et Marie, vous êtes mon espérance ;
Mon Dieu, aidez-moi pour l'amour de Jésus-Christ.
Mon Jésus, vous suffisez à mes désirs,
Ne permettez pas que je me sépare de vous.

Donnez-moi votre amour, puis faites de moi ce que vous voudrez.

Qui aimerai-je, si je ne vous aime, ô mon Dieu?

Père éternel, aidez-moi pour l'amour de Jésus:

Je crois en vous, j'espère en vous, et je vous aime.

Me voilà, Seigneur; disposez de moi comme il vous plaira.

Quand me verrai-je tout à vous, ô mon Dieu?

Quand pourrai-je vous dire : mon Dieu, je ne puis plus vous perdre.

Marie, mon espérance, ayez pitié de moi :

Mère de Dieu, priez Jésus pour moi.

Que suis-je, Seigneur, pour que vous vouliez être aimé de moi?

Mon Dieu, je ne veux que vous, et rien de plus.

Je veux tout ce que vous voulez, et seulement ce que vous voulez!

Oh! que ne puis-je me consumer pour vous qui vous êtes consumé tout entier pour moi :

J'ai été reconnaissant envers les hommes, je n'ai été ingrat qu'envers vous, Seigneur.

C'est assez d'offenses! je ne veux plus vous offenser.

Si j'étais mort lorsque j'étais dans le péché, je ne pourrais plus vous aimer.

Faites-moi mourir plutôt que de permettre que je vous offense.

Vous avez attendu afin que je vous aimasse; oui, je veux vous aimer.

Je vous conserve ce qui me reste de vie.

O mon Jésus! tirez-moi tout à vous.

Vous ne m'abandonnerez pas, je ne vous quitterai point.

J'espère que nous nous aimerons toujours. oh! le Dieu de mon ame !

Mon Jésus, faites que je sois tout à vous avant que je ne meure.

Faites que je vous voie apaisé, lorsque vous me jugerez.

Que vous en avez fait pour m'obliger à vous aimer! je vous aime, Seigneur, je vous aime!

Laissez-vous aimer d'un pécheur qui vous a tant offensé.

Vous vous êtes donné tout à moi, je me donne tout à vous.

Je veux beaucoup vous aimer dans cette vie pour beaucoup vous aimer dans l'autre.

Faites-moi connaître combien vous êtes digne d'amour, afin que je vous aime beaucoup.

Vous aimez ceux qui vous aiment ; je vous aime, aimez-moi donc aussi.

Donnez-moi cet amour que vous me demandez.

Je me réjouis de ce que vous êtes infiniment heureux.

Que ne vous ai-je toujours aimé, que ne suis-je mort avant de vous offenser.

Faites que je triomphe de tout pour vous plaire.

Je vous donne toute ma volonté, disposez de moi comme il vous plaira.

Mon seul plaisir est de vous plaire, bonté infinie !

J'espère vous aimer éternellement, ô Dieu éternel !

Vous êtes tout puissant; faites de moi un Saint.

Vous m'avez cherché quand je vous fuyais, vous ne me chasserez pas à présent que je vous cherche.

Je vous remercie de m'avoir laissé le temps de revenir à vous.

Je vous en remercie et je vous aime.

Qu'aujourd'hui soit le jour où je me donnerai tout à vous.

Infligez-moi toutes sortes de châtimens, mais ne me privez pas du bonheur de vous aimer.

O mon Dieu ! je veux vous aimer sans réserve.

J'accepte toutes les peines, tous les mépris, pour dire que je vous aime.

Je voudrais mourir pour vous qui êtes mort pour moi.

Je voudrais que tout le monde vous aimât comme vous méritez.

Je veux faire tout ce que je croirai vous être agréable.

Je préfère votre bon plaisir à celui de tous les hommes.

O volonté de Dieu, vous êtes mon amour !

O Marie ! tirez-moi tout à Dieu.

O ma mère ! faites que j'aie toujours recours à vous.

C'est à vous de me rendre Saint ; je l'espère de vous.

Protestation pour bien mourir.

Mon Dieu ! ma mort étant certaine, et moi, n'en connaissant pas l'époque, je veux m'y préparer dès à présent. Je proteste donc que je crois tout ce que croit la Sainte Eglise, et spécialement le mystère de la très Sainte-Trinité, l'Incarnation et la mort de Jésus-Christ, le Paradis et l'enfer, parce que c'est vous qui avez révélé toutes ces vérités, et que vous êtes la vérité même.

Je mérite mille enfers ; mais j'attends de votre bonté infinie et par les mérites de Jésus-Christ le pardon de mes péchés, la persévérance finale et la gloire du Paradis.

Je proteste que je vous aime par dessus tout, parce que vous êtes un bien infini, et pour l'amour que je vous porte, je me repens au-dessus de tout des offenses que je vous ai faites, et je me propose de mourir plutôt que de vous offenser encore. Je vous prie de m'ôter la vie plutôt que de permettre que je vous perde par de nouveaux péchés.

Je vous remercie, ô mon Jésus! de toutes les peines que vous avez souffertes pour moi, et de toutes les miséricordes que vous m'avez faites après que je vous ai tant offensé.

Mon bien aimé maître, je me réjouis de ce que vous êtes infiniment heureux; je me réjouis de ce que vous êtes aimé par tant de saintes ames sur la terre et dans le ciel.

Je proteste que pour l'amour de vous, ô mon Jésus! je pardonne à tous ceux qui m'ont offensé, et vous prie de leur faire du bien.

Je proteste que je désire en ma vie et en ma mort les saints sacrements, et j'entends dès à présent demander l'absolution de mes péchés, pour le cas où je ne pourrais exprimer ce désir à l'article de ma mort.

J'accepte ma mort et toutes les douleurs dont elle sera accompagnée, en union des douleurs et de la mort que Jésus-Christ souffrit pour moi sur la croix.

J'accepte, ô mon Dieu! toutes les peines et les tribulations que vous m'enverrez avant de me faire mourir.

Faites de moi et de ce qui est à moi tout ce qu'il vous plaira. Donnez-moi votre amour et la sainte persévérance; je ne vous demande rien de plus.

Marie, ma mère, assistez-moi toujours, mais surtout à l'heure de ma mort : pour le présent, aidez-moi à me conserver dans la grâce. Vous êtes mon espérance : entre vos bras, je veux vivre et mourir. Saint Joseph, saint Michel archange, mon ange gardien, secourez-moi toujours, mais particulièrement au moment de ma mort.

Et vous, aimable Jésus, vous qui, pour m'obtenir une bonne mort, avez voulu faire une mort si amère, ne

m'abandonnez pas à cette heure; je m'attache à vous dès
ce moment : je veux mourir dans vos bras. Je mérite
l'enfer, mais je m'abandonne à votre miséricorde ; j'espère
par votre sang mourir dans votre amitié, et recevoir
votre bénédiction lorsque je comparaîtrai devant vous
pour être jugé. Je remets mon ame entre vos mains bénies,
que vous livrâtes aux clous des bourreaux pour me sauver.
J'espère n'être pas condamné à l'enfer. *In te, Domine,
speravi non confundar in æternum.* Venez à mon secours, lorsque je serai au lit de la mort. Faites que j'expire en vous aimant, et que mon dernier soupir soit un
gage d'amour : faites qu'en quittant la terre mon ame aille
vous aimer éternellement dans le ciel. Jésus, Joseph et
Marie, assistez-moi à l'heure de l'agonie; Jésus, Joseph
et Marie, je me donne à vous ; recevez mon ame à cette
heure terrible !

Autre protestation pour la mort, qu'on peut faire en public
avec le peuple.

Mon Dieu, prosterné devant vous, je vous adore et
je fais la prostestation suivante, comme si j'étais déjà au
moment de passer de ce monde à l'autre.

Seigneur, parce que vous êtes la verité même et que
c'est vous qui l'avez révélée à la sainte Eglise, je crois à
ce mystère de la très sainte Trinité, Père, Fils et Saint
Esprit, trois personnes, mais un seul Dieu, qui récompense dans l'éternité, les justes par le Paradis, et châtie
les pécheurs par l'enfer.

Je crois que la seconde personne, c'est-à-dire le fils
de Dieu, s'est fait homme et est mort pour sauver les
hommes. Je crois tous les autres articles que croit la
sainte Eglise. Je vous remercie de m'avoir fait chrétien;
je proteste que je veux vivre et mourir dans cette foi.

Mon Dieu, mon espérance, appuyé sur vos promesses, j'espère de votre miséricorde, non de mes mérites, mais de ceux de Jésus-Christ, le pardon de mes péchés, la persévérance dans votre grâce, et, après cette misérable vie, la gloire du Paradis. Et si le démon venait me tenter à l'heure de la mort pour me désespérer par le souvenir de mes péchés, je proteste que je veux toujours espérer en vous, et que je veux mourir dans les bras amoureux de votre miséricorde.

O Dieu! digne d'un amour infini, je vous aime de tout mon cœur, je vous aime plus que moi-même, et je proteste que je veux mourir en faisant un acte d'amour, afin de pouvoir ensuite vous aimer éternellement dans le Paradis, que je ne désire que parce que je pourrai vous y aimer. Si, par le passé, au lieu de vous aimer, j'ai méprisé votre bonté infinie, Seigneur, je m'en repens de tout mon cœur; je proteste vouloir mourir en pleurant et détestant les offenses que je vous ai faites. Je me propose, à l'avenir, de mourir plutôt que de jamais plus vous outrager. Pour l'amour de vous, je pardonne à tous ceux qui m'ont offensé.

J'accepte, ô mon Dieu! la mort et toutes les peines qui l'accompagnent; je les unis aux douleurs et à la mort de Jésus-Christ, et je vous l'offre, cette mort, en l'honneur de votre suprême domaine, et en expiation de mes péchés. Acceptez, Seigneur, le sacrifice de ma vie, pour l'amour de ce grand sacrifice que vous offrit votre divin fils sur l'autel du Calvaire. Dès à présent je me résigne à votre sainte volonté; je proteste vouloir mourir en disant: *Seigneur, que votre volonté soit toujours faite !*

Vierge bienheureuse, ma mère et mon avocate, ô Marie! vous êtes et serez toujours, après Dieu, mon secours et mon espérance, à l'heure de ma mort. Je m'adresse à vous, et vous prie de m'aider en ce cruel moment. Reine du ciel, ne m'abandonnez pas alors ; venez prendre mon ame et présentez-la à votre fils; je vous attends et espère mourir entre vos bras, et embrassant vos pieds. S. Joseph, mon protecteur, S. Michel Archange, mon ange gardien, mes saints patrons, secourez-moi tous en ce dernier combat avec l'enfer. O mon Jésus! mon amour crucifié, vous qui, pour m'obtenir une bonne mort, avez choisi une mort si amère, souvenez-vous alors que je suis une de ces brebis que vous avez rachetées au prix de votre sang ; quand tous les hommes m'auront abandonné, quand ils ne pourront plus me secourir, vous seul pourrez me consoler et me sauver. Rendez-moi digne alors de vous recevoir dans le saint Viatique et ne permettez pas que je vous perde pour toujours, et que je sois à jamais séparé de vous dans l'enfer. O mon bien-aimé Sauveur! recevez-moi dès ce moment dans vos sacrées plaies ; moi, dès ce moment je me serre contre vous, je veux exhaler mon ame dans l'amoureuse plaie de votre côté. Je dis maintenant pour alors : *Jésus, Joseph et Marie, je vous donne mon cœur et mon ame ! Jésus, Joseph et Marie, recevez mon ame à ce moment redoutable.*

Qu'il est beau de souffrir pour Dieu ! Qu'il est beau de mourir pour Dieu ! Je vous embrasse, aimable Rédempteur, pour mourir en vous embrassant. Plus de mort pour toi, ô mon ame ! mais un doux repos, si à cette heure Marie daigne t'assister, si Jésus daigne t'accueillir.

Oraison à dire chaque jour à Jésus crucifié, et à Marie affligée, pour obtenir une bonne mort.

MonSeigneur Jésus-Christ, par les amertumes que vous souffrîtes sur la croix lorsque votre ame bénie se sépara de votre sacré corps, ayez pitié de mon ame pécheresse lorsqu'elle sortira de mon misérable corps, et qu'elle entrera dans l'éternité.

O Marie ! par cette douleur que vous éprouvâtes sur le Calvaire, en voyant de vos yeux expirer Jésus sur la croix, obtenez-moi une bonne mort, afin qu'aimant Jésus et vous sur la terre, j'aille vous aimer éternellement dans le Paradis.

Oraison à dire chaque jour pour la bonne mort.

Domine Jesu Christe per illam amaritudinem quam sustinuit nobilissima anima tua, quando egressa est de benedicto corpore tuo, miserere animæ meæ peccatricis quando egredietur de corpore meo.

CHAPITRE TROISIÈME.

Pratique des vertus chrétiennes.

§ I.

Pratique de l'humilité.

Qui n'est pas humble ne peut plaire à Dieu, car Dieu ne peut souffrir les superbes. Il a promis d'exaucer tous ceux qui le prieront; mais si un orgueilleux le prie, il ne l'exauce pas. Il répand toutes ses grâces sur les humbles. *Deus superbis resistit, humilibus autem dat gratiam.* (Jac. 4. 6.)

On distingue deux espèces d'humilité ; l'humilité *d'affection*, et l'humilité de *volonté*. L'humilité *d'affec-*

tion consiste à nous regarder comme des misérables que nous sommes, incapables de faire autre chose que le mal. Tout le bien que nous faisons nous vient de Dieu. Venons à la pratique ; et d'abord l'humilité d'affection. Elle consiste 1° à ne jamais nous confier en nos propres forces, ou en nos résolutions ; nous devons toujours nous méfier de nous-mêmes et trembler. *Cum metu et tremore vestram salutem operamini* (Phil. 12.). S. Philippe de Néri disait : *Qui ne craint pas est déjà tombé* ; 2° ne nous glorifions jamais de nos actions, de nos talens, de ce que nous possédons, de notre naissance, de nos parens ; ne parlons jamais de nous-mêmes que pour dire nos défauts. Le mieux encore, c'est de ne dire de nous ni bien, ni mal, car, en en disant du mal, souvent nous avons le but de nous faire louer ou de nous faire passer pour humbles, de sorte que l'humilité devient orgueil ; 3° ne nous indignons pas contre nous-mêmes après une faute. Ce n'est pas de l'humilité, mais de l'orgueil ; c'est un artifice du démon pour nous jeter dans la défiance et nous faire quitter le bon chemin. Quand nous sommes tombés, disons comme Ste-Catherine de Gênes : *Seigneur, voilà les fruits de mon jardin* ! Humilions-nous alors, relevons-nous de la faute commise par un acte d'amour et de douleur, et proposons de ne plus retomber, avec l'aide du Seigneur. Si nous retombons encore, faisons encore la même chose ; 4° quand nous voyons les autres tomber, ne nous récrions pas, plaignons-les ; remercions Dieu et prions-le de veiller sur nous, sans cela il nous punira en permettant que nous tombions dans les mêmes péchés, et peut-être en des péchés encore plus graves ; 5° regardons-nous toujours comme les plus grands pécheurs de la terre, quand même nous connaîtrions des personnes plus coupables que nous ; car les fautes que nous avons commises, après avoir reçu de Dieu tant de grâces et de lumières, pèseront plus dans la balance divine que les péchés des autres, quoique plus nombreux. Ste-Thérèse dit : *Ne croyez pas avoir fait des progrès dans la perfection, si vous ne vous croyez pas le pire des hommes et ne désirez pas d'être mis après tous les autres.*

L'humilité de volonté consiste à se complaire dans le mépris des hommes. Celui qui a mérité l'enfer, mérite d'être éternellement foulé aux pieds des démons. Jésus-Christ veut que nous apprenions de lui à être doux et humbles de cœur : *Discite a me quia mitis sum et humilis corde* (Matth. 11. 29.). Bien des gens sont humbles de bouche mais non de cœur. Ils disent : *Je suis le pire des hommes ; je mérite mille enfers.* Mais si quelqu'un se hasarde à les reprendre, ou leur dit quelque mot qui les blesse, ils s'enflamment de colère. Les orgueilleux sont comme les hérissons : dès qu'on les touche, toutes leurs épines se dressent. Eh quoi ! vous dites que vous êtes le pire des humains et un mot vous bouleverse ! L'homme véritablement humble, dit S. Bernard, se trouve vil et veut être regardé comme tel de tout le monde.

Si donc vous voulez être véritablement humble, 1° quand on vous fait quelque remontrance recevez-la avec reconnaissance et remerciez celui qui vous la fait. S. Chrysostôme dit que le juste se repent de l'erreur qu'il a commise lorsqu'il en est repris ; mais que l'orgueilleux s'afflige de ce que son erreur est connue. Les Saints même, lorsqu'ils sont accusés à tort, ne se défendent pas, à moins que leur défense ne soit nécessaire pour éviter le scandale d'autrui. Sans cela, ils gardent le silence et offrent tout à Dieu.

2° Lorsque vous recevez quelque affront, supportez-le avec patience, et redoublez d'amour pour celui qui vous insulte; c'est là la pierre de touche par laquelle on connaît si une personne est humble et sainte: mais si elle s'emporte, dites alors qu'elle est semblable à un vase vide. Le père Balthasar Alvarès disait que le temps des humiliations est un temps favorable pour gagner des trésors de mérite. Vous gagnerez davantage en recevant avec patience une insulte, que si vous jeûniez dix jours au pain et à l'eau. Les humiliations que, de nous-mêmes nous faisons devant les autres, sont bonnes, mais il vaut mieux les recevoir, parce que nous y mettons moins du nôtre et que Dieu y met plus du sien ; il y a donc plus de mérite à les savoir endurer. Mais que sait faire un chrétien, s'il ne sait endurer un outrage pour le Seigneur? Que d'outrages Jésus-Christ n'a-t-il pas souffert pour nous? Des soufflets, des railleries, des coups de verges, des crachats sur le visage. Si nous aimions Jésus-Christ, non seulement nous ne nous emporterions pas pour les affronts que nous recevons, mais nous nous y plairions mais nous nous réjouirions de nous voir méprisés comme fut méprisé Jésus-Christ.

§ II.

Pratique de la mortification.

Qui vult venire post me abneget semetipsum et tollat crucem suam et sequatur me (Matth. 16. 2.). Voilà tout ce que doit faire quiconque veut suivre les traces de Jésus-Christ, se renoncer soi-même et mortifier son amour-propre. Voulez-vous vous sauver? il faut tout surmonter pour tout obtenir. Malheur à ceux qui se laissent guider par leur amour-propre ! Il y a deux espèces de mortifications, la mortification *intérieure* et la mortification *extérieure*. La mortification *intérieure* est celle qui tend à étouffer nos passions et surtout celle qui nous domine le plus. Celui qui ne surmonte pas sa passion dominante est en danger de se perdre. Mais celui qui la dompte domptera facilement toutes les autres. Quelques personnes sont dominées par un vice et se regardent comme saintes, parce qu'elles n'ont pas les vices qu'elles aperçoivent dans les autres. Mais qu'importe? dit S. Cyrille, une seule petite ouverture suffit pour faire couler à fond la barque. Il ne sert de rien de dire : *je ne puis m'abstenir de ce défaut:* une volonté ferme triomphe de tout, avec l'aide de Dieu, qui ne manque jamais. La mortification *extérieure* tend à vaincre les appétits sensuels. Les mondains traitent les Saints de cruels, parce qu'ils refusent à leurs corps tout plaisir sensuel, et le déchirent avec le cilice et la discipline. Mais S. Bernard dit qu'ils sont bien plus cruels envers eux-mêmes, ceux qui, pour jouir de quelques faux plaisirs sur la terre, se condamnent à brûler éternellement dans les feux de l'enfer. D'autres conviennent qu'il faut se refuser tout plaisir défendu, mais ils négligent les mortifications extérieures, et prétendent que la mortification intérieure, c'est-à-dire celle de la volonté, est la seule nécessaire. Oui, il faut mortifier la volonté, mais il faut aussi mortifier la chair, parce que, quand la chair n'est pas mortifiée, difficilement on obéit à Dieu. S. Jean de la Croix disait que, quand même ils feraient des merveilles, il ne fallait pas ajouter foi à ceux qui enseignent que les mortifications extérieures sont inutiles.

Mais venons-en à la pratique. 1º Il faut mortifier *les yeux.* Les premières flèches qui percent l'ame et souvent la tuent, entrent par les yeux. Les yeux sont comme des crochets d'enfer qui nous entraînent de force au péché. Il ne nous est pas permis de nous arracher les yeux avec le fer, mais nous devons nous rendre aveugles par le moyen de la sainte mortification ; sans cela il sera difficile de nous maintenir chastes. S. François de Sales disait : *Qui ne veut pas que les ennemis entrent dans la place doit tenir les portes fermées.* Il faut que nous nous abstenions de regarder tout objet qui peut nous donner des tentations. S. Louis de Gonzague n'osait regarder sa propre mère, et quand par hasard nos yeux se tournent vers quelque objet dangereux, soyons attentifs à ne pas le regarder de nouveau. *Le second regard est le plus dangereux*, disait le même S. François de Sales : ayons donc soin de mortifier nos yeux, car beaucoup de damnés ne sont en enfer qu'à cause de leurs yeux.

2° Il faut mortifier *la langue* en s'abstenant de toute médisance, de toute injure, de toute obscénité. Une parole obscène dite dans la conversation, même en plaisantant, peut causer du scandale et être l'origine de mille péchés. Parfois, un mot équivoque fait plus de mal qu'un mot tout à fait déshonnête.

3° Il faut mortifier le goût. S. André d'Avellino disait que, pour vivre en bon chrétien, il fallait commencer par mortifier le goût. S. François de Sales a dit : *Il faut manger pour vivre, et non vivre pour manger.* Bien des gens ne semblent vivre que pour manger, et perdent ainsi la santé du corps et la santé de l'ame. Généralement les obstructions, les diarrhées et presque toutes les autres maladies sont causées par la gourmandise ; mais ce qui est pis, c'est que l'intempérance dans le manger est souvent la mère de l'incontinence. Cassien écrit que lorsqu'on a l'estomac plein de nourriture et de liqueurs fortes, telles que le vin, l'eau-de-vie et autres semblables, il est impossible de ne pas sentir beaucoup de tentations impures. *Eh quoi!* s'écriera-t-on, *il ne faut donc plus manger?* Pardonnez-moi, mon frère, il faut manger pour conserver sa vie, mais il faut manger en homme et non en brute. Si vous voulez n'être pas tourmenté par des désirs impudiques, abstenez-vous de manger des mets trop succulens et de boire des vins trop recherchés. L'Écriture dit : *Noli regibus dare vinum*. (Prov. 31. 4). On entend, par *rois*, ceux qui soumettent la raison au joug des sens. Trop de vin fait perdre la raison et produit non seulement le vice de l'ivrognerie, qui est certainement un péché mortel, mais même celui de l'impudicité. Ne négligez donc pas de faire de temps en temps quelque abstinence ou quelque jeûne, surtout les samedis de chaque semaine, en l'honneur de la très Sainte Vierge. Tant de personnes jeûnent au pain et à l'eau : faites de même, du moins aux veilles des sept principales fêtes de la Sainte Vierge ; mais surtout observez les jeûnes d'obligation. Quelques-uns prennent jusqu'à quinze et vingt onces de nourriture à la collation, et disent : *Il suffit que je ne me rassasie pas !* Non, cela ne suffit pas. Dans les jeûnes de précepte, il ne faut pas dépasser 8 onces : anciennement on ne mangeait qu'une seule fois par jour.

4° Il faut mortifier *l'ouïe* et le *toucher*. On mortifie *l'ouïe* en fuyant toute conversation contraire à la modestie ou à la charité. On mortifie le *toucher* en usant de ce sens avec une extrême réserve, tant avec nous-mêmes qu'à l'égard des autres. Quelques uns disent que ce n'est rien, parce qu'ils le font en badinant ; mais, je le demande, qui jamais a badiné avec le feu ?

§ III.

Pratique de la charité envers le prochain.

Qui aime Dieu aime aussi son prochain, et qui n'aime pas son prochain n'aime pas Dieu, car le précepte divin s'exprime ainsi : *Qui diligit Deum, diligat et fratrem suum* (Joan. 4. 21.) Il faut que nous aimions le prochain intérieurement et extérieurement. Et combien faut-il l'aimer? Voici la règle. *Diliges Dominum Deum tuum ex toto corde tuo... et proximum sicut te ipsum.* (Luc. 1. 27.) Nous devons donc aimer Dieu par dessus tout et plus que nous-mêmes et notre prochain comme nous-mêmes. Or, comme nous aimons notre bien et que nous nous y plaisons, et qu'au contraire nous nous plaignons de notre mal; de même il faut que nous souhaitions le bien de notre prochain, que nous nous en réjouissions et que nous nous attristions de ses peines. Nous ne devons pas non plus juger mal du prochain sans avoir de bonnes preuves. En cela consiste la charité *intérieure*.

La charité *extérieure* consiste dans nos paroles et nos œuvres à l'égard du prochain. Quant aux paroles :

1º Il faut nous abstenir de toute sorte de médisances. Le médisant est haï de Dieu et des hommes; mais celui qui dit du bien de tout le monde est aimé des hommes et de Dieu. Quand on ne peut excuser les fautes de son prochain, on doit du moins excuser l'intention.

2º Gardons-nous de rapporter à un homme le mal qu'un autre homme a dit de lui, car de là dérivent souvent des haines et des vengeances mortelles. L'Écriture dit que ceux qui sèment la discorde parmi les hommes sont en horreur à Dieu.

3° Gardons-nous de blesser notre prochain par quelque parole désagréable, fût-ce même en plaisantant. Aimeriez-vous qu'on vous tournât en ridicule, comme vous le faites à l'égard de votre prochain?

4° Fuyons les querelles. Parfois il s'élève des querelles violentes pour des choses de rien ; on en vient aux injures et aux coups. Gardons-nous aussi de contradiction. Il est certaines gens qui se sont fait une habitude d'être toujours en contradiction avec leur prochain. Quand c'est à vous de parler, dites votre opinion, puis demeurez en repos.

5° Parlons avec douceur à tout le monde, surtout à nos inférieurs. Abstenons-nous donc de toute imprécation et de toute injure. Quand nous voyons notre prochain en fureur et qu'il nous injurie, répondons avec douceur, et toute sa fureur s'apaisera. *Responsio mollis frangit iram.* (Prov. 15. 1.) Quand nous sommes en querelle avec notre prochain, ayons soin de ne pas parler de lui, car le ressentiment pourrait nous entraîner jusqu'à en dire du mal, et, plus tard peut-être, nous nous en repentirions. S. François de Sales a dit : *Je ne me suis jamais emporté sans m'en repentir ensuite.* La règle est de garder le silence jusqu'à ce que la colère soit calmée. Lorsque notre prochain est irrité, ne le reprenons pas, quand bien même la correction serait nécessaire, car alors nos conseils seraient sans fruit.

Quant à la charité des œuvres envers le prochain, on la pratique :

1° En le secourant du mieux qu'on le peut. Souvenons-nous de ce que dit l'Ecriture : *Elæmosina ab omni peccato et à morte liberat, et non patietur animam ire ad tenebras.* (Tob. 44.) L'aumône nous préserve donc du péché et de l'enfer. On entend par aumône toutes sortes de secours que nous pouvons porter au prochain. L'aumône la plus méritoire, c'est de secourir l'ame de notre prochain, en le corrigeant avec douceur et en temps opportun. Ne disons pas comme quelques uns : *Que m'importe?* Ce langage n'est pas chrétien : qui aime Dieu veut être aimé de tout le monde.

2° Il faut exercer sa charité envers les malades, comme étant ceux qui ont le plus besoin de consolation. Portons-leur quelques petits cadeaux, s'ils sont pauvres; allons du moins les servir et les consoler, au risque de n'être pas remerciés; le Seigneur saura nous récompenser.

3° Usons de charité envers nos ennemis; quelques personnes sont charitables envers leurs amis, mais Jésus-Christ à dit : *Bene facite his qui oderunt vos.* (Matt. 5. 45.) Il n'y a de véritable chrétien que celui qui fait du bien à qui lui a fait du mal; et, si nous ne pouvons faire autre chose pour celui qui nous persécute, du moins prions Dieu de le protéger, comme nous l'ordonne Jésus-Christ : *Orate pro persequentibus vos.* C'est de cette manière que se vengent les Saints. Celui qui pardonne à quiconque l'a offensé, est sûr de recevoir son pardon de Dieu, car Dieu l'a promis : *Dimittite et dimittemini.* (Luc. 6. 37.) Le Seigneur dit un jour à la bienheureuse Angèle de Foligni, que le signe le plus certain pour connaître si une ame est aimée de Dieu, c'est quand elle aime son prochain qui l'a offensée.

4° Usons de charité même envers ceux qui sont morts, c'est à-dire envers les saintes ames du purgatoire. S. Thomas enseigne que, comme il est de notre devoir de secourir les vivans, nous devons aussi secourir les trépassés. Ces saintes ames prisonnières souffrent des peines au-dessus de toutes les douleurs de cette vie. Elles ont un extrême besoin de nos secours, car elles ne peuvent pas elles-mêmes s'en procurer. Un moine de Cîteaux apparut au sacristain de son couvent et lui dit : *Mon frère, aidez-moi par vos prières, car les miennes ne peuvent rien obtenir*. Tâchons donc d'aider ces saintes ames en faisant dire des messes ou en en entendant à leur intention, ou bien encore en faisant des aumônes et des prières et gagnant des indulgences pour elles, elles nous récompenseront de nos efforts en nous obtenant du Seigneur de grandes grâces, non seulement lorsqu'elles seront en Paradis, dont nos prières peuvent leur accélérer l'entrée, mais même dès le purgatoire.

---

§ IV.

Pratique de la patience.

S. Jacques dit que la patience est l'œuvre parfaite d'une ame. *Patientia autem opus perfectum habet.* (Jac. 14.) La patience est ce qui nous obtient le Paradis. Cette terre est un lieu de mérite ; c'est pour cela qu'elle n'est pas un lieu de repos, mais de travaux et de peines. Dieu ne nous laisse donc en ce monde que pour que nous puissions, par notre patience, acquérir la gloire du Paradis. Nous avons tous à souffrir en ce monde ; quand nous souffrons avec patience, nous souffrons moins, et nous nous sauvons. Qui souffre avec impatience, souffre davantage et se damne. Le Seigneur ne nous envoie pas les revers pour que nous nous perdions, comme disent quelques impatients ; mais afin que nous nous sauvions et que nous en obtenions plus de gloire au ciel. Les douleurs, les chagrins et toutes les autres tribulations, acceptées avec patience, sont les plus précieux diamants de notre couronne céleste. Quand nous sommes affligés, consolons-nous donc ; remercions Dieu, car c'est un signe que Dieu veut nous sauver. Il nous châtie en cette vie par des punitions courtes et légères, pour n'avoir pas à nous châtier par d'autres punitions qui sont dures et éternelles.

Sainte Marie-Madeleine de Pazzi disait : *Toute peine paraît légère quand on voit Jésus-Christ sur la croix*. Le père Joseph Calasanz disait : *Qui ne sait souffrir pour Jésus-Christ, ne sait gagner Jésus-Christ.* Qui aime Jésus-Christ, supporte avec patience les croix extérieures : les maladies, les douleurs, la pauvreté, le déshonneur, la perte des parents et des amis ; et toutes les croix intérieures : les chagrins, l'ennui, les tentations, le trouble de l'esprit, et souffre tout en paix. Ceux qui, au contraire, s'impatientent dans leurs tribulations, et murmurent contre la justice divine, ne font qu'augmenter leurs peines et s'en préparer de plus cruelles dans l'autre vie. Sainte Thérèse a dit : *La croix est lourde à qui la traîne par force, mais elle est légère à qui l'embrasse de bon gré. Dans ce monde,* dit S. Philippe de Néri, *qui supporte les tribulations avec patience, a le Paradis ; qui s'en impatiente, a l'enfer.*

Il faut pratiquer la patience 1° dans les maladies. C'est là qu'on fait preuve de courage et de fermeté, et qu'on veut connaître si l'on est or ou plomb. Quelques uns sont pleins de dévotion et de gaîté quand ils se portent bien, mais quand ils sont visités par quelque maladie, ils perdent patience, se plaignent de tout le monde, se laissent aller à la mélancolie, et tombent dans mille défauts ; ce qui paraissait or n'est plus que du plomb. Le bienheureux Joseph Calasanz disait : *Si les malades étaient patients, ils ne se plaindraient pas.* Quelques uns se plaignent en disant : *Dans l'état où je suis, je ne puis aller à l'église, je ne puis communier ni entendre la messe, enfin je ne puis rien faire.* Vous ne pouvez rien faire ? Vous faites tout quand vous faites la volonté de Dieu. Dites-moi : Pourquoi voulez-vous faire ces choses dont vous venez de parler ? Pour plaire à Dieu ? Or, voici ce qui plaît à Dieu : que vous embrassiez avec patience ce que vous souffrez, et que vous ne songiez pas au reste. *On sert le Seigneur,* dit S. François de Sales, *plus par les souffrances que par les œuvres.*

C'est surtout lorsque la maladie est mortelle qu'il faut l'accepter avec patience ; acceptons même la mort ; si la fin de nos jours est arrivée, ne disons pas : *A présent je ne suis pas préparé ; je voudrais vivre encore un peu pour faire pénitence de mes péchés.* Qu'en savez-vous ? Si vous vivez, qui vous garantit que vous ferez cette pénitence, et que vous ne tomberez pas en des péchés encore plus graves ? Combien de personnes, étant guéries d'une maladie mortelle, ont fait pire qu'auparavant et se sont damnées ? Si elles étaient mortes alors, peut-être elles se seraient sauvées ! Si Dieu **veut que** vous sortiez de ce monde, conformez-vous à sa sainte volonté, et remerciez-le de ce qu'il vous fait mourir avec le secours des saints sacremens. Acceptez la mort avec joie, et abandonnez-vous à la miséricorde de Dieu. Cette acceptation de la mort pour faire la volonté du Seigneur pourra vous assurer le salut éternel.

2º Acceptons aussi avec patience la mort de nos parents et de nos amis. Quelques personnes sont inconsolables de la mort d'un parent et négligent pour cela l'oraison, les sacrements, et leurs dévotions accoutumées.

D'autres s'en prennent à Dieu et le menacent : *Seigneur,* disent-elles, *pourquoi avez-vous fait cela*

Quelle témérité ! Que vous en revient-il de cette impatience où vous vous mettez ? Croyez-vous faire plaisir au défunt ? Non, vous déplaisez au défunt et à Dieu. Le défunt désire que sa mort vous serve à vous unir encore plus à Dieu ; il désire que vous priiez pour son ame, si elle est dans le purgatoire.

3º Acceptons la pauvreté que Dieu nous envoie ; si vous manquez du nécessaire, dites : *Mon Dieu! seul, vous me suffisez.* Cet acte vous fera acquérir des trésors dans le Paradis. Qui possède Dieu, possède tous les biens. Embrassons donc avec patience la perte de nos biens, ou de nos espérances, et même celle des personnes qui nous secouraient. Résignons-nous alors à la volonté de Dieu, et Dieu viendra à notre aide. S'il ne voulait pas alors nous aider comme nous le voudrions, contentons-nous de ce qu'il fait, parce qu'il le fait pour éprouver notre patience, et nous enrichir de mérite et de trésors célestes.

4º Acceptons avec patience les *mépris* et les *persécutions.* Vous direz : *Quel mal ai-je fait pour être persécuté ? Pourquoi dois-je souffrir cet affront ?* Mon frère, dites cela à Jésus-Christ ; il vous répondra : *Et moi quel mal ai-je fait pour souffrir tant de douleurs, et d'insultes, et mourir sur la croix ?* Puisque Jésus-Christ a tant souffert pour l'amour de nous, c'est bien le moins que vous supportiez vos peines, qui sont petites, pour l'amour de Jésus-Christ. Si surtout vous avez commis quelque péché grave, songez que vous mériteriez être dans l'enfer, où vous auriez à souffrir de bien plus grands outrages et de bien plus grandes persécutions de la part des démons. Si vous êtes persécuté pour avoir fait le bien, réjouissez-vous-en ; écoutez ce que dit Jésus Christ : *Beati qui persecutionem patiuntur propter justitiam* (Matt. 5. 10.) Pénétrons-nous de ces paroles de l'Apôtre : Qui veut être dans le monde uni à Jésus-Christ, doit être persécuté.

5° Il faut pratiquer la patience même dans *les désolations de l'esprit* qui sont les plus cruelles peines pour une ame qui aime Dieu. Mais c'est par elles que Dieu met ses favoris à l'épreuve. Humilions-nous alors, résignons-nous à la volonté de Dieu, et remettons-nous entre ses mains. Ayons soin de ne pas négliger nos dévotions ordinaires, l'oraison, les sacremens, les visites, les lectures. Comme nous faisons, dans cet état, tout avec tiédeur et dégoût, nous croyons que tout est perdu; mais il n'en est pas ainsi, en persévérant avec courage, nous agissons pour Dieu et non pour nous.

6° Pratiquons la patience dans les *tentations*. Quelques ames pusillanimes se découragent quand la tentation dure long-temps; elles vont jusqu'à dire : *Dieu veut donc me voir damnée?* Non, Dieu ne permet pas les tentations pour notre perte, mais bien pour notre salut. Il veut que, lorsque nous en sommes assaillis, nous nous humilions et nous rapprochions de lui en faisant tous nos efforts pour résister, en redoublant nos prières et en acquérant ainsi plus de mérite pour le Paradis. *Quia acceptus eras Deo, necesse fuit ut tentatio probaret te.* C'est ce qui fut dit à Tobie. (Tob. 12. 13). Chaque fois qu'on repousse une tentation, on obtient un nouveau degré de gloire et une plus grande fermeté pour résister aux tentations futures. Dieu ne permet jamais que nous soyons tentés au-delà de nos forces. *Fidelis autem Deus est, qui non patietur vos tentari supra id quod potestis sed faciet etiam cum tentatione proventum.* (1. Cor. 10. 17). Il faut aussi prier le Seigneur de nous délivrer des tentations; mais, lorsqu'elles viennent, résignons-nous à sa sainte volonté, et prions-le de nous donner la force de résister. S. Paul était assailli de tentations de la chair, et priait Dieu de l'en délivrer ; mais le Seigneur lui répondit : *Sufficit tibi gratia mea, nam virtus in infirmitate perficitur.* (Cor. 12. 8). Dans les tentations, surtout celles de la chair, le meilleur remède est de nous éloigner autant que possible des occasions ; puis, nous méfiant de nos propres forces, recourir à Jésus-Christ et implorer son aide. Si la tentation ne cesse pas, prions toujours, disons toujours: *Mon Jésus, aidez-moi; Vierge Marie, aidez-moi.* Ces noms tout-puissants prononcés une seule fois, peuvent suffire pour repousser les attaques les plus vives de l'enfer. Il est bon aussi de faire alors le signe de la croix sur son front ou sur son cœur. Avec le signe de la croix, S. Antoine, abbé, chassait des troupes de démons. Il est également utile de révéler ses tentations au père spirituel. S. Philippe Néri disait : *Une tentation que l'on a déclarée est à moitié vaincue.*

---

§ V.

Pratique de la conformité à la volonté de Dieu.

La sainteté consiste à aimer Dieu , et l'amour consiste à remplir sa sainte volonté. C'est de là que dépend notre vie. *Et vita voluntate ejus.* (Psalm. 26. 6.) Qui se soumet à la volonté de Dieu est toujours en paix , car la volonté divine rend légères toutes les croix. Les ames saintes, en disant : *Dieu le veut ainsi, ainsi Dieu l'a voulu,* trouvent le bonheur dans leurs peines: *Non contristabit justum quidquid ei acciderit.* (Prov. 12. 21.) Quelqu'un dit: *Rien ne va au gré de mes désirs ; toutes les peines, Dieu me les envoie.* Si l'épée vous blesse, c'est que vous la prenez par la pointe. Si vous vous résigniez à la volonté de Dieu, toutes vos affaires iraient bien, tout vous réussirait. Les croix que Dieu vous envoie sont pour vous des tortures, parce que vous vous abattez sous leur poids; si vous les receviez avec résignation, elles ne seraient pas pour vous des maux, mais des richesses de Paradis. Le père Balthazar Alvarez dit : *Qui se résigne avec humilité à la volonté divine, lorsque le malheur l'accable, court au ciel en poste.* Venons-en à la pratique.

1° Il faut se résigner à la volonté de Dieu dans les maladies. Les mondains appellent les maladies des malheurs, mais les Saints les appellent visites de Dieu, et grâces divines. Nous devons prendre les remèdes nécessaires pour nous guérir, mais toujours résignés à mourir, si Dieu le veut. Prions le Seigneur pour qu'il nous rende la santé; mais prions-le avec résignation, sans quoi cette grâce nous sera refusée. Oh! combien on gagne dans les maladies lorsqu'on offre ses douleurs à Dieu! Qui aime Dieu de tout son cœur ne souhaite pas la santé pour ne pas souffrir, mais il tâche de plaire à Dieu par ses souffrances. C'est ce saint désir qui rendait si doux aux martyrs les coups de verge, les chevalets, les grils ardents. Il faut surtout se résigner dans les maladies mortelles. Accepter la mort pour obéir à la volonté divine, voilà ce qui nous obtient dans le ciel une récompense égale à celle des martys. Les martyrs eux-mêmes n'ont été placés parmi les favoris du Seigneur que parce qu'ils ont accepté la mort et les tourments pour plaire à Dieu. Qui meurt, soumis à la volonté de Dieu, fait une mort sainte; plus on y est soumis, plus la mort que l'on fait est sainte. Le père Louis de Blois dit qu'un acte de parfaite conformité fait à l'instant de la mort, nous délivre non seulement de l'enfer, mais même du purgatoire.

2° Il faut se conformer à la volonté divine, même

pour les défauts naturels que l'on peut avoir, tels que le peu d'esprit, l'obscurité de la naissance, l'inaptitude aux emplois, et autres semblables. Tout ce que nous avons est une aumône de Dieu. N'aurait-il pas pu nous créer brins d'herbe, ou moucherons? Il y a cent ans qu'étions-nous, que néant? Que demandons-nous donc? Qu'il nous suffise que Dieu nous ait donné la capacité d'être un saint. Quoique bornés, maladifs, pauvres, grossiers, nous pouvons devenir saints avec la grâce, si nous voulons. Oh! qu'il en est que le génie, la santé, la noblesse, la richesse, et la beauté n'ont entraînés qu'à leur perte! Trouvons-nous donc bien comme Dieu nous a faits; remercions-le sans cesse des biens qu'il nous a donnés, et surtout de nous avoir appelés à la sainte foi ; c'est là une grâce précieuse, et dont rarement on remercie Dieu.

3° Résignons-nous dans les revers, pertes d'argent, d'espérances, de nos parents; résignons-nous même aux affronts et aux persécutions des hommes; vous direz : *Dieu ne veut pas le péché*; *comment me résignerai-je quand on me calomnie, qu'on m'injurie, qu'on me blesse, qu'on me vole? Cela n'advient pas par la volonté de Dieu.* Oh! quelle erreur? Dieu ne veut pas le péché d'un tel ; il le permet, mais il veut la contrariété qu'un tel vous cause. C'est Dieu qui vous envoie cette croix ; mais il vous l'envoie par le moyen de votre prochain; vous devez embrasser cette croix comme venant de Dieu. N'en cherchez pas trop loin la raison ; Sainte Thérèse disait: *Si vous ne voulez porter de croix que celles qui sont justifiées par la raison, n'espérez jamais atteindre la perfection.*

4° Résignons-nous à la volonté de Dieu dans les *aridités d'esprit* que nous éprouvons dans l'oraison, la communion, la visite au saint sacrement, etc. Tout alors nous fatigue et nous ennuie; mais reprenons courage, en nous disant que nous faisons ces choses pour être agréables à Dieu. Plus nous éprouverons de difficultés à prier, plus nous lui serons agréables. Nous ne pouvons mieux connaître notre impuissance et notre misère que lorsque nous sommes dans les aridités. Alors humilions-nous dans l'oraison, et disons avec résignation : *Seigneur, je ne mérite pas de consolation ; je ne vous demande que d'avoir pitié de moi ; gardez-moi dans votre grâce, et faites de moi ce qu'il vous plaira.* En faisant ainsi, nous gagnerons plus en un jour de désolation qu'en un mois de larmes et de tendresses. Généralement, le principal exercice de nos oraisons doit être de nous offrir à Dieu pour qu'il dispose de nous comme il voudra. le priant, tant dans l'oraison que dans la communion, et dans les visites au Saint Sacrement : *Mon Dieu ! faites-moi faire votre volonté.* En faisant la volonté de Dieu, nous ferons tout. Ayons donc toujours à la bouche cette oraison jaculatoire : *Fiat voluntas tua !* Même dans les choses les plus futiles, comme si la chandelle s'éteint, si un vase se brise, si nous heurtons contre une pierre, disons toujours, *que la volonté de Dieu soit faite !* Quand nous perdons quelque objet ou quelque parent, disons : *Seigneur, vous avez voulu ainsi, ainsi je veux.* Quand nous craignons quelque mal temporel, disons : *Seigneur, je veux tout ce que vous voulez.* Ainsi nous plairons toujours à Dieu et nous serons toujours en paix.

---

§ VI.

Pratique de la pureté d'intention.

La pureté d'intention consiste à faire tout ce que nous faisons dans le seul but de plaire à Dieu. L'intention bonne ou mauvaise avec laquelle nous faisons une action, la rend bonne ou mauvaise aux yeux de Dieu. Sainte Marie-Madeleine de Pazzi disait : *Dieu récompense les actions au poids de la pureté de l'intention.* Venons à la pratique.

1° Il faut qu'en tous nos exercices nous cherchions Dieu et non pas nous-mêmes. Si nous cherchons notre propre satisfaction, nous ne pourrons attendre de Dieu aucune récompense. Il en est de même pour les œuvres spirituelles : que de personnes se fatiguent, s'épuisent à prêcher, à confesser, à faire d'autres œuvres pies ; et comme ils n'y cherchent que la satisfaction de leur amour-propre et non Dieu, ils perdent leurs peines. Lorsque nous ne cherchons ni l'approbation ni la reconnaissance des hommes dans ce que nous faisons, c'est signe que nous travaillons pour Dieu ; une autre preuve encore, c'est si nous ne nous troublons pas lorsque nous n'obtenons pas le succès désiré, ou si nous nous réjouissons du succès d'un autre, quand l'œuvre que nous avions entreprise est faite par un autre et réussit. Au reste, quand nous avons fait quelque chose pour plaire à Dieu ne faisons point d'efforts violents contre la vaine gloire, si on nous loue, disons seulement : *La gloire en est à Dieu.* Que la crainte de la vaine gloire ne nous fasse pas négliger les œuvres d'édification pour notre prochain ; le Seigneur veut que nous fassions le bien même en public, afin que les autres en profitent : *Sic luceat lux vestra coram hominibus at videant opera vestra bona et glorificent patrem vestrum.* (Mat. 5. 16). Ainsi donc, quand vous faites le bien, ayez d'abord l'intention de plaire à Dieu, puis celle de donner bon exemple au prochain.

2° Les actions corporelles elles-mêmes, telles que travailler, manger, dormir, se divertir honnêtement, doivent être faites pour plaire à Dieu. La pureté d'intention est appelée l'alchimie céleste par laquelle le plomb devient or ; c'est-à-dire que les occupations les plus viles quand on s'y livre pour plaire à Dieu, deviennent des actes d'amour divin. Sainte Marie-Madeleine de Pazzi disait : *Que si l'on faisait avec une intention pure tout ce qu'on fait, on irait tout droit en Paradis.* Un saint ermite, avant de commencer chaque action, levait les yeux au ciel et s'arrêtait un peu. On lui demanda ce qu'il faisait alors, il répondit : *Je vise au but pour assurer mon coup.* Faisons de même, avant de rien entreprendre, visons au but, en disant : *Seigneur je fais ceci pour vous plaire.*

---

§ VII.

Pratique contre la tiédeur.

Les âmes qui ne craignent pas le péché véniel et s'abandonnent à la tiédeur sans songer à en sortir sont en danger de se perdre. Je ne parle point ici des péchés véniels commis par pure faiblesse, tels que paroles inutiles, troubles intérieurs, petites négligences et autres ; je parle des péchés véniels volontaires et surtout de ceux dont on a contracté l'habitude. Sainte Thérèse dit : *Daigne le Seigneur nous délivrer de tout péché, quelque petit qu'il soit!* Le père Alvarez disait : *Ces petites médisances, ces petites haines, ces curiosités coupables, ces impatiences, ces intempérances ne tuent pas l'âme, mais la rendent si faible, que lorsqu'elle sera pressée de quelque tentation, elle n'aura pas la force de résister et tombera.* Les péchés véniels délibérés, d'un

côté affaiblissent l'ame, de l'autre nous privent du secours de Dieu, car il est juste que Dieu soit réservé envers ceux qui sont réservés avec lui. *Qui parcè semi-
nat parcè et metet.* (2. Cor. 9. 6). Toute ame qui a
reçu des grâces spéciales de Dieu doit craindre de tomber
dans ces petits péchés; elle doit les craindre surtout s'ils
sont suivis de quelque explosion de passions violentes ;
telles que l'ambition, la cupidité, la haine ou un amour
désordonné pour quelque personne. Ces ames esclaves
de leurs passions font comme les joueurs qui, ayant beaucoup perdu, finissent par dire : *Que tout y passe!* et
perdent ainsi tout ce qu'ils ont. Malheur à l'ame qui se
livre à ses passions! Les passions nous aveuglent et nous
empêchent de voir ce que nous faisons. Venons maintenant à la pratique de ce que nous avons à faire pour nous
tirer de la triste léthargie de la tiédeur.

1º Il faut avoir la ferme détermination de s'en délivrer. Le bon désir soulage, diminue la fatigue et donne
des forces pour aller en avant. Persuadons-nous bien
que quiconque n'avance pas sans cesse dans la voie de
Dieu, celui-là marche en arrière et finit par tomber en
quelque précipice; 2º tâchons de connaître notre vice
prédominant; par exemple, la colère, l'ambition, l'a-
mour désordonné de la créature ou de l'argent : une
volonté résolue triomphe de tout, avec l'aide de Dieu;
3º il faut fuir les occasions, sans quoi toutes nos résolutions seront jetées par terre comme par un coup de
vent; finalement, il faut surtout se méfier de ses forces et
prier continuellement le Seigneur de nous aider dans le
danger et de nous délivrer de ces tentations qui pour-
raient nous faire tomber dans le péché. *Ne nos inducas
in tentationem.* Qui prie, obtient. *Petite et accipietis*
(Luc. 4. 9.); et les promesses de Dieu ne peuvent
faillir. Il faut donc toujours prier, toujours prier : *Il*

*faut toujours prier, il faut toujours prier. Mon Dieu,
secourez-moi, secourez-moi tout de suite.*

---

§ VIII.

Pratique de la dévotion à la mère de Dieu.

Je pense, lecteur, que vous savez déjà combien il est
nécessaire, pour assurer son salut éternel, d'être dévot à
la très Ste-Marie. Et si vous ne le savez pas encore, je
vous engage à lire, pour l'apprendre, le petit ouvrage
que j'ai composé sur ce sujet et qui est intitulé : *Les
Gloires de Marie*; mais ne parlons ici que de la pratique de ce que vous avez à faire pour obtenir la protection de cette reine toute-puissante. D'abord, dites
chaque jour en vous levant et en vous couchant trois *Ave
Maria*, faites-les suivre de cette courte oraison : *Marie!
par votre pure et immaculée conception, purifiez
mon corps et sanctifiez mon ame.* Mettez-vous sous sa
protection, afin que, pour cette nuit, ou ce jour, elle
vous préserve de tout péché. Chaque fois que l'horloge
sonne, dites un *Ave Maria*; dites-en un aussi en entrant
chez vous et en sortant, et quand vous passez devant quelque image de la Vierge. Au commencement et à la fin de
toutes nos occupations, temporelles ou spirituelles, telles
que, l'étude, le travail, le sommeil, le manger, dites
toujours une *Ave Maria*; 2° dites chaque jour au moins
cinq dixaines de rosaires, avec la considération des saints
mystères. Beaucoup de dévots récitent aussi l'office de
la Ste-Vierge ; il faut au moins dire le petit office du
nom de Marie, qui est très court, n'étant composé que de
cinq psaumes ; 3° dites trois *Pater* et *ave* par jour à
la Sainte Trinité, pour la remercier des grâces accordées

à Marie. La Ste-Vierge a révélé à une certaine personne que cette dévotion lui était très agréable ; 4° jeûnez chaque samedi au pain et à l'eau, en l'honneur de Marie, ou, du moins, la veille d'un sept fêtes principales qui lui sont consacrées, ou bien faites le jeûne ordinaire, ou ne mangez que d'un mets à votre dîner, ou abstenez-vous des mets que vous préférez. Faites quelques mortifications le samedi de chaque semaine et les veilles susdites, en l'honneur de cette glorieuse reine qui (comme dit S. André de Crète) accorde de grandes grâces pour tous ces petits sacrifices ; 5° faites chaque jour une visite à votre protectrice dans quelques églises et demandez-lui la sainte persévérance et un tendre amour pour Jésus-Christ ; 6° ne négligez pas de lire chaque jour quelques pages d'un livre écrit à sa louange ou de lui adresser quelque pieuse oraison. Nous avons mis dans cet opuscule sept prières à Marie, pour chacun des jours de la semaine. Voyez le chapitre IIe, § VII, page....; 7° faites les neuvaines des sept fêtes principales de Marie, et faites-vous assigner, par votre confesseur, les prières et les mortifications à exercer pendant ces neuf jours ; dites, du moins, neuf *ave* et neuf *gloria*, et demandez à Marie, à chacun de ces neufs jours, une des grâces que vous désirez le plus. Enfin, recommandez-vous souvent pendant le jour à cette divine Mère et surtout dans les tentations ; dites alors et répétez plusieurs fois avec tendresse : *Marie, secourez-moi, ma mère, secourez-moi.* Et si vous êtes dévot à Marie, tâchez d'nspirer à tous ceux que vous connaissez, parents, amis et serviteurs, une vive dévotion envers la glorieuse mère de Dieu.

20.

§ IX.

Pratique des moyens pour acquérir l'amour de N. S. Jésus-Christ.

Jésus-Christ doit être notre seul amour. Il le mérite parce qu'il est un Dieu d'une bonté infinie , et parce qu'il nous a aimés au point de mourir pour nous. Oh! que d'obligations nous avons à Jésus-Christ! Tout ce que nous avons reçu de biens, de lumières, d'invitations, de secours, d'espérances, de consolations, de tendresse, d'amour, nous en sommes redevables à Jésus-Christ, mais venons-en aux moyens d'obtenir l'amour pour Jésus-Christ; 1° Il faut désirer cet amour pour Jésus-Christ, et le lui demander souvent, surtout dans nos prières, dans la communion et dans les visites au S. Sacrement ; nous devons demander à la Vierge-Marie , à notre ange gardien et à notre saint patron la grâce d'aimer Jésus-Christ. S. François de Salle dit que la grâce d'aimer Jésus-Christ résume toutes les grâces, parce que qui aime véritablement Jésus-Christ ne peut manquer d'avoir toutes les vertus. 2° Pour être digne d'aimer Jésus-Christ , il faut chasser de son cœur tout attachement aux choses de ce monde , l'amour divin n'entre pas dans un cœur attaché à la terre. S. Philippe de Néri disait : *L'amour que nous portons aux créatures est un vol que nous faisons à Dieu.* 3° Il faut nous exercer souvent, surtout dans l'oraison, à faire des actes d'amour envers Jésus- Christ. Les actes d'amour sont le bois dont on alimente le feu de la sainte charité. Faisons des actes de l'amour de complaisance , en disant : *Mon Jésus, je me réjouis de ce que vous êtes infiniment heureux et, de ce que votre père tout puissant vous aime autant que lui-même :* d'amour, de bienveillance en disant : *Je voudrais, ô mon Jésus! que tout le monde vous connût et vous aimât :* d'amour de préférence en disant : *mon Jésus, je vous aime par dessus tout; je vous aime plus que moi-même.* Faisons souvent aussi des actes de contrition qui sont appelés actes d'amour douloureux.

4° Celui qui veut s'enflammer d'amour pour Jésus-Christ doit souvent méditer sa passion. Il fut révélé à un saint anachorète qu'il n'y a pas d'exercice plus propre à allumer l'amour que de considérer souvent les peines et les outrages que Jésus-Christ a soufferts pour l'amour de nous. Je dis qu'il n'est pas possible qu'une ame qui médite souvent la passion de Jésus-Christ ne brûle pas d'amour pour lui. Il pouvait nous sauver avec une seule goutte de son sang, que dis-je? avec une seule prière, mais il a voulu répandre tout son sang, souffrir toutes sortes de tourments pour attirer tous nos cœurs à l'aimer; celui qui médite sa passion fait donc une chose qui est très agréable à ce divin sauveur. C'est pourquoi lecteur, je vous engage à faire souvent des méditations sur les douleurs de Jésus-Christ. Faites-en du moins tous les vendredis, jour auquel il mourut pour l'amour des hommes.

AUTRE RÉGLEMENT ABRÉGÉ,

POUR

LA VIE D'UN CHRÉTIEN.

Le matin, en vous levant, faites les actes suivants : 1º Mon Dieu, je vous adore , je vous aime de tout mon cœur, et je vous remercie de tous vos bienfaits et surtout de m'avoir conservé cette nuit. 2º Je vous offre tout ce que je ferai et souffrirai en ce jour, en union des actions et des souffrances de Jésus et de Marie, avec la résolution de gagner en ce jour le plus d'indulgences que je pourrai. 3º Je me propose de ne pas vous offenser, mais veillez sur moi, Seigneur, afin que je ne vous trahisse pas. Marie très-sainte , gardez-moi sous votre protection. Mon ange gardien , et vous mes Saints patrons, protégez-moi, dites enfin un *Pater* un *Ave* un *Crédo* et puis trois *Ave* à la pureté de Marie.

Pendant la journée, tâchez de faire une demi-heure d'oraison mentale si vous en avez le temps. L'oraison mentale n'est pas d'une nécessité absolue , mais d'une nécessité morale pour obtenir la persévérance ; ceux qui n'en font pas ne persévèrent pas dans la grâce de Dieu, en voici la raison : 1º Parce que les vérités éternelles ne sont pas visibles aux yeux du corps, mais seulement aux yeux de l'esprit. Par conséquent celui qui ne les médite pas ne peut les voir ; et, ne voyant pas les vérités éternelles, il ne peut voir l'importance de son salut , les moyens qu'il doit prendre et les obstacles qu'il y met ; il est donc

difficile qu'il se sauve. La seconde raison est que
l'ame qui ne médite pas ne s'exerce pas à la prière ; or,
la prière est non-seulement nécessaire de nécessité
précepte, mais même de nécessité moyen, pour observer les commandemens divins, car ordinairement le
Seigneur ne prête ses secours (ce qui doit s'entendre des
adultes) que lorsqu'on les lui demande. Or, celui qui
ne fait pas d'oraison mentale connaît peu ses besoins
spirituels et très peu aussi la nécessité de la prière pour
résister aux tentations et se sauver. Il prie donc très
peu; et, priant peu, il se perd. Un grand évêque, monseigneur de Palafox, disait : *Comment le Seigneur nous
donnera-t-il la persévérance si nous ne la lui de
mandons pas? Et comment la demanderons-nous
sans l'oraison?* Ste-Thérèse disait que, qui fait oraison ne sera pas long-temps en péché; il laissera le péché, ou il laissera l'oraison; l'oraison et le péché ne
peuvent se trouver ensemble.

Quant à la pratique, l'oraison mentale se divise en
trois parties : préparation, méditation et conclusion.
Dans la préparation on fait trois actes : 1º de foi en la
présence de Dieu; 2º d'humilité ; 3º de demande des
lumières ; il faut dire : 1º Mon Dieu, je vous crois présent, et je vous adore; 2º Je devrais être présentement
dans l'enfer, Seigneur; je me repens de vous avoir offensé; 3º Père éternel, pour l'amour de Jésus-Christ et
de Marie; éclairez-moi dans cette méditation, afin
qu'elle me soit profitable. Un *Ave* à la divine mère et
un *Gloria Patri* à l'ange gardien.

Pour les méditations, lisez un point dans quelques
ouvrages de piété, et, méditez, du moins, de temps en
temps, la passion de Jésus-Christ. En lisant, arrêtez-
vous au passage qui vous touche le plus. Observez, enfin,
que l'utilité de l'oraison ne consiste pas à méditer, mai-

à faire produire des affections ; 1º de confiance,
d'humilité, d'amour, de douleur, d'affection, de résignation et autres ; 2º à faire des prières, à demander surtout la persévérance et l'amour divin ; 3º prendre une
résolution ferme de s'abstenir de quelque vice particulier, ou d'exercer quelques vertus.

La conclusion se fait ainsi : 1º je vous remercie,
mon Dieu, des lumières que vous m'avez données ;
2º je me propose d'accomplir la promessse que je vous ai
faite ; 3º je vous demande la grâce de les remplir. Ne
négligez jamais de recommander à Dieu les saintes ames
du purgatoire et les pauvres pécheurs. Ayez soin de faire
une méditation chaque fois que vous éprouvez de la froi-
deur ou de l'ennui en priant. Sans cela, dit Ste-Thérèse,
une ame se mettra en enfer de ses propres mains. Benoît XIV a accordé indulgence plénière à quiconque
fait une demi-heure d'oraison pendant un mois, en se
confessant et communiant dans l'intervalle. Il a accordé
aussi des indulgences partielles pour chaque jour qu'on
fait la méditation.

IV. Ne négligez pas d'entendre la messe chaque jour ;
en y assistant ainsi, vous gagnerez 3,800 ans d'indulgences chaque jour. Mais ce qui importe le plus, c'est
que ceux qui entendent la messe *s'appliquent* en particulier les mérites de Jésus-Christ. La messe doit être
crue pour le but dans laquelle elle a été instituée ;
1º pour honorer Dieu ; 2º pour le remercier de ses bienfaits ; 3º pour expier nos péchés ; 4º pour obtenir les
grâces divines. Dites aussi : Père éternel, en cette messe,
je vous offre Jésus-Christ avec tous les mérites de sa
passion ; 1º pour honorer votre majesté ; 2º pour vous
remercier des bienfaits que vous m'avez fait ; 3º pour
l'expiation de mes péchés et des péchés de tous
ceux qui vivent ou sont morts dans votre grâce !

4° afin d'obtenir les grâces nécessaires au salut. Quand le prêtre élève l'hostie, dites : *Mon Dieu, pour l'amour de Jésus, accordez-moi mon pardon et la sainte persévérance.* Quand le prêtre élève le calice : *Par le sang de Jésus-Christ, faites que je vous aime toujours, dans cette vie et dans l'autre.* Quand le prêtre communie, faites la communion spirituelle, et dites : *Mon Jésus, je vous aime, je vous désire dans mon âme, je vous embrasse et ne veux plus me séparer de vous.*

V. Faites chaque jour, pendant une demi-heure, ou au moins un quart d'heure, une lecture spirituelle dans la Vie des Saints.

VI. Ne manquez pas de faire dans la journée une visite au S. Sacrement, vous y ferez les actes suivants. 1° *Seigneur, je vous remercie d'être descendu pour l'amour de nous dans ce Sacrement.* 2° *Je vous aime de tout mon cœur, ô bien suprême ! je vous aime par dessus tout; et parce que je vous aime, je me repens de toutes les offenses que je vous ai faites, graves ou légères.* 3° *Je vous demande la persévérance dans votre grâce et votre saint amour.* Faites en même temps une visite à la Sainte Vierge Marie, devant quelque sainte image, et demandez-lui les mêmes grâces de la persévérance et de l'amour de Dieu.

VII. Chaque soir, faites l'examen de votre conscience et les actes chrétiens.

VIII. Confessez-vous et communiez une fois par semaine au moins, et plus souvent encore si vous pouvez. Quant à la confession, dites avant de la faire : *Mon Dieu, je vous remercie de m'avoir attendu jusqu'à présent. J'espère, par les mérites de Jésus-Christ, que vous me pardonnerez toutes les offenses que je vous ai faites; je m'en repens de tout mon cœur, parce qu'elles m'ont*

20*

*mérité l'enfer, et m'ont éloigné du Paradis, mais sur-
tout parce qu'elles m'ont exposé à perdre votre amour;
ô mon Dieu! infiniment bon! je les hais et les déteste
par dessus tous les maux. Je me propose de plutôt
mourir que de jamais plus vous offenser à l'avenir.*

Après la confession, remerciez Dieu du pardon que
vous espérez avoir reçu, et renouvelez la promesse de ne
plus l'offenser et de fuir les occasions. Demandez aussi
la persévérance à Jésus-Christ, et à Marie.

Quant à la communion, sachez que c'est la grande médecine (comme dit le concile de Trente) qui nous
purge de tous nos péchés véniels quotidiens, et nous
préserve des mortels. Plus on communie souvent, plus
on est délivré de péchés, et plus on fait de progrès dans
l'amour divin. Il suffit pour cela de communier avec un
bon désir. Mais, pour en retirer plus de fruit, restez
dans l'Eglise une demi-heure après la communion
à faire des actes dévots, à lire quelque petit livre
spirituel. Cette communion fréquente, ne la faites
qu'avec l'approbation de votre directeur, et pour
cela,

IX. Il faut que vous vous choisissiez un bon confesseur qui vous dirige dans tous vos exercices de piété et
même dans les affaires temporelles qui sont de con-
séquence. Ne le quittez qu'avec une juste raison. S.
Philippe de Néri disait : *Ceux qui désirent avancer
dans les voies de Dieu doivent se soumettre à un confesseur éclairé et lui obéir à la place de Dieu. Celui
qui fait ainsi est assuré de ne pas rendre compte à
Dieu des actions qu'il fait.* Jésus-Christ lui-même a dit
que celui qui écoute ses ministres l'écoute lui-même.
Qui vos audit me audit. Faites la confession générale,
si vous ne l'avez pas encore faite, car c'est un moyen
très efficace pour mettre sa conscience en règle ; il serait

bon que vous la fissiez avec votre directeur lui-même, afin qu'il puisse mieux vous conduire.

X. Fuyez l'oisiveté, les compagnies dangereuses, les propos immodestes et surtout les mauvaises occasions, spécialement celles où votre chasteté est en danger. Soyez aussi bien en garde contre vos regards. Détournez-les de tout objet tentateur. Si on ne fuit les mauvaises occasions volontaires et principalement celles où on est accoutumé de tomber, il est moralement impossible qu'on se maintienne dans la grâce de Dieu. *Qui amat periculum peribit in illo.*

XI. Dans les tentations, ne vous fiez pas à vous-même, ni à toutes les promesses et les résolutions que vous avez faites ; ne vous confiez qu'en Dieu. Ayons donc recours aussitôt à Dieu et à la Ste-Vierge. Dans les tentations d'impureté, faites attention de ne point dis-courir avec la tentation. Quelques personnes se mettent alors à faire des actes contraires de volonté, mais elles sont néanmoins dans un pressant danger ; le meilleur parti à prendre, c'est de renouveler la résolution de plutôt mourir que de perdre Dieu : après quoi, faites le signe de la croix et recommandez-vous à Dieu et à la divine Mère. Invoquez aussi plusieurs fois les saints noms de Jésus et de Marie, qui sont des boucliers invincibles contre les attaques du démon. Ne cessez de les invoquer que lorsque la tentation aura cessé. Nous n'avons pas la force de résister à la chair, notre plus grand ennemi, mais Dieu nous la prête lorsque nous l'en prions. Si nous ne l'en prions pas, nous succomberons. Chassez de la même manière les tentations contre la foi ; protestez alors de vouloir mourir pour la foi chrétienne ; faites aussi, non pas des actes de foi, mais plutôt des actes d'amour, de repentir ou d'espérance.

XII. Si vous commettez quelque péché, si c'est un

péché véniel, faites un acte d'amour de Dieu et de repentir ; proposez-vous de vous amender , tranquillisez-
vous et ne vous troublez pas. Le découragement d'avoir
commis un péché est le plus grand péché que l'on puisse
commettre, car l'ame troublée par cette anxiété ne peut
plus rien faire de bon. Si, par malheur, votre péché
est grave, faites tout de suite un acte de contrition (par
lequel vous recevrez déjà la grâce divine,) proposez-
vous de ne plus retomber dans la même faute et confessez-vous-en le plus tôt que vous pourrez.

XIII. Allez au sermon le plus souvent possible ; il
serait bon aussi que vous fissiez chaque année les exercices spirituels dans quelque maison religieuse, ou du
moins dans votre propre demeure, vous appliquant pendant huit jours de l'oraison et de la lecture spirituelle
et vous éloignant alors de toute conversation dissipante.
Tachez aussi de passer chaque mois un jour dans la re-
retraite et le recueillement, vous confessant et communiant. Si votre état le permet, entrez dans quelque congrégation de séculiers, où l'on fréquente les sacrements et
où l'on ne s'occupe que de l'œuvre du salut. Celui qui va
à la congrégation pour administrer, pour gouverner ou
pour disputer, en retirera plus de dommage que de profit.
Celui qui veut en retirer du profit ne doit y aller que
pour les intérêts de son ame.

XIV. Dans tous les malheurs qui vous arrivent, tels
que maladies, pertes et persécutions ; conformez-vous
toujours à la volonté divine, consolez-vous en disant :
Ainsi veut le Seigneur, ainsi je veux; ou bien : *Telle
est la volonté de Dieu, que sa volonté soit faite!* En
agissant ainsi, on gagne de grands mérites pour le Paradis et l'on vit toujours en paix ; si l'on ne se résigne
pas à la volonté divine, on ne fait que redoubler ses
maux, car il faut les souffrir, qu'on veuille ou qu'on

ne veuille pas. Outre cela, on a encore à subir le châtiment que mérite l'impatience qu'on a montrée.

XV. Nourrissez toujours une dévotion tendre et spéciale pour la Sainte Vierge Marie ; rendez-lui chaque jour des devoirs particuliers, n'oubliez jamais de dire trois *Ave Maria* à sa pureté, le matin en vous levant, et le soir en vous couchant, la priant de vous préserver de tout péché. Lisez chaque jour quelque passage, fût-il très court, d'un livre sur la Sainte Vierge ; dites les litanies et le rosaire avec les méditations des mystères. En sortant de chez vous comme en y entrant, demandez-lui sa bénédiction par un *Ave Maria*, saluez aussi toutes les images de la Vierge que vous trouverez en chemin. Quand l'horloge sonne, répétez l'*Ave Maria*, puis ajoutez : *Jésus et Marie, je vous aime ; ne permettez pas que je vous offense.* Jeûnez le samedi et la veille des sept fêtes de la Sainte Vierge ; faites la neuvaine à chacune de ces fêtes, suivant que votre confesseur vous le permettra ; faites aussi les neuvaines de Noël, de la Pentecôte, et du Saint votre patron.

Exercices nécessaires à toute personne de tout état, pour être sauvé.

Dieu veut notre salut à tous : *Omnes homines vult salvos fieri* (1. Tim. 2. 4). Il veut donner à tous les secours nécessaires, pour qu'ils se sauvent, mais il ne les accorde qu'à ceux qui les lui demandent comme l'a dit S. Augustin : *Non dat nisi petentibus* (in Psalm. 100). C'est l'opinion générale des théologiens et des Saints Pères que la prière est nécessaire aux adultes de nécessité de moyen, c'est-à-dire que qui néglige de prier et de demander à Dieu les secours nécessaires pour repousser les tentations et conserver la grâce qu'il a reçue, celui-là ne peut se sauver.

Le Seigneur ne peut refuser ses grâces à qui les demande, parce qu'il l'a promis : *Clama ad me et exaudiam te.* (Job. 33. 3.) Aie recours à moi, et je ne manquerai pas de t'exaucer. *Quodcumque volueritis petitis et fiet vobis.* (Jo. 15. 7.) Demandez-moi tout ce que vous désirerez et vous obtiendrez tout. *Petite et dabitur vobis.* (Matt. 7. 7.) Demandez et vous obtiendrez. Bien entendu que ces demandes ne doivent pas être faites pour les biens temporels, car Dieu ne les donne que quand ils peuvent être utiles à l'ame ; mais les grâces spirituelles, il les a promises absolument à tous ceux qui les lui demandent, et nous les ayant promises, il est obligé de nous les donner. *Promittendo debitorem se fecit*, dit S. Augustin (*De Verb. Dom. Serm.* 2).

Il faut aussi se souvenir que la prière qui rappelle à Dieu une promesse est pour nous un précepte. *Petite et dabitur vobis.* (Matth. 7. 7.) *Oportet semper orare.* (Luc. 18. 1.)

Ces mots *petite, oportet*, comme dit S. Thomas (3. *p. q.* 39. *a.* 5., sont un précepte grave qu'il nous faut observer toute la vie, et surtout quand nous sommes près de mourir ou de tomber en péché ; car si alors nous n'avons pas recours à Dieu, nous serons irrémissiblement perdus. Celui qui est déjà tombé dans la disgrâce du Seigneur, commet un nouveau péché s'il ne lui demande son aide pour sortir de son misérable état. Mais comment Dieu l'exaucera-t-il cet homme qui est son ennemi ? Oui, il l'exaucera, pourvu que, contrit et humilié, il sollicite, de cœur, son pardon ; car il est dit dans l'Evangile : *Omnis enim qui petit accipit.* (Luc. 11. 10.) Qu'on soit pécheur ou non pécheur, *omnis*, tous seront exaucés, si tous prient. Dieu a dit dans un autre endroit : *Invoca me et eruam*, etc. (Psalm. 49. 15.) Invoque-moi et je te délivrerai de l'enfer que tu as mérité.

Il n'y aura pas d'excuse au jour du jugement pour celui qui meurt dans le péché. Il ne lui servira de rien de dire qu'il n'avait pas la force de résister à la tentation ; car Jésus-Christ lui répondra : Si tu n'avais pas cette force, pourquoi ne me l'as-tu pas demandée ? Je ne te l'aurais pas refusée. Si tu étais déjà tombé en péché, pourquoi n'as-tu pas eu recours à moi ? Je t'en aurais tiré.

Ainsi donc, lecteur, si vous voulez vous sauver et vous maintenir dans la grâce de Dieu, il faut souvent le prier de veiller sur vous. Le concile de Trente (Sess. 6. cap. 13. can. 22.) a dit que, pour persévérer dans la grâce de Dieu, il ne suffit pas d'avoir les secours généraux qu'il accorde à tout le monde; il faut avoir un secours spécial que l'on n'obtient que par la prière. Tous les docteurs disent que nous sommes tous obligés, sous peine d'être punis, de nous recommander souvent à Dieu et lui demander la sainte persévérance, au moins une fois par mois. Celui qui se trouve engagé dans de dangereuses occasions, doit demander plus souvent la grâce de la persévérance. Pour obtenir cette grâce, il faut avoir une dévotion particulière à la mère de Dieu qui est surnommée la mère de la persévérance. Celui qui n'a pas cette dévotion spéciale pour la Sainte Vierge, aura difficilement la persévérance; car, dit S. Bernard, toutes les grâces divines et surtout celle de la persévérance, qui est la plus précieuse, nous ne les obtenons que par l'entremise de Marie.

Oh ! que les prédicateurs ne sont-ils plus attentifs à recommander à leurs auditeurs le grand moyen de se sauver, la prière ! Quelques uns dans tout le carême la nomment à peine une ou deux fois, et presque en passant ; tandis qu'ils devraient en parler plus souvent, et pour ainsi dire dans tous leurs sermons. Ils rendront compte à Dieu, s'ils négligent de le faire ! De même plusieurs confesseurs se contentent de la promesse que font leurs pénitents de ne plus offenser Dieu, et ne prennent pas la peine de leur inspirer d'avoir recours à la prière lorsqu'ils seront de nouveau tentés par le démon. Il fraudrait pourtant tâcher de comprendre que, quand la tentation est forte, si le pénitent ne demande pas à Dieu les secours nécessaires pour y résister, toutes les résolutions qu'il a prises serviront de peu de chose ; la prière seule peut le sauver. Il est certain que celui qui prie se sauve, celui qui ne prie pas se damne. C'est pourquoi, lecteur, si vous voulez vous sauver, priez continuellement le Seigneur de vous accorder la force de ne pas tomber dans le péché. Il faut aller jusqu'à l'importunité en demandant cette grâce à Dieu. *Hæc importunitas* (dit S. Jérôme) *apud Dominum opportuna est.* Ne manquez pas de le prier chaque matin de vous préserver, dans le cours de la journée, de tout péché ; quand il vous vient à l'esprit quelque mauvaise pensée, quand vous vous trouvez dans quelque mauvaise occasion, recourez aussitôt à la Sainte Vierge et à Jésus Christ, en disant : *Mon Jésus, aidez-moi ! Marie très sainte, secourez-moi !* Il suffit de nommer Jésus et Marie pour faire évanouir la tentation ; mais si elle persiste, continuez d'invoquer le secours de Jésus et de Marie, et vous ne succomberez pas.

Règles pour bien vivre.

I. Le matin, en vous levant, faites les actes chrétiens ; faites chaque jour l'oraison mentale, pendant une demi-heure. Lisez quelque livre spirituel pendant un quart d'heure au moins. Entendez la messe. Faites une visite au Saint Sacrement et à la divine mère. Dites le rosaire, et le soir faites l'examen de votre conscience avec un acte de contrition, et les actes chrétiens avec les litanies de Marie.

II. Confessez-vous, et communiez au moins une fois la semaine, et plus souvent si vous pouvez, avec le conseil de votre père spirituel.

III. Choisissez-vous un confesseur docte et pieux, et faites-vous toujours diriger par lui, tant dans vos exercices de dévotion, que dans les affaires temporelles; ne le quittez qu'avec une forte raison.

IV. Fuyez l'oisiveté, les mauvaises compagnies, les propos immodestes, les mauvaises occasions, spécialement celles où votre chasteté court des risques.

V. Dans les tentations, surtout celles de la chair, faites aussitôt le signe de la croix et invoquez les noms de Jésus et de Marie jusqu'à ce que la tentation ait cessé.

VI. Quand vous commettez quelque péché, repentez-vous-en aussitôt, et promettez de vous amender; et si c'est un péché grave, hâtez-vous de vous en confesser.

VII. Allez au sermon aussi souvent que vous pourrez. Entrez dans quelque pieuse congrégation, pour vous y occuper du salut de votre ame et non d'autre chose.

VIII. Jeûnez tous les samedis en l'honneur de la Sainte Vierge, et la veille des sept fêtes qui lui sont consacrées. Faites aussi quelque autre mortification corporelle d'après l'avis de votre père spirituel, et les neuvaines des susdites fêtes de Marie, comme aussi celles de Noël de la Pentecôte et du patron. Dans les contrariétés, les maladies, les pertes, les persécutions, conformez-vous en tout à la volonté divine, et consolez-vous, en disant : *Ainsi veut, ou ainsi a voulu le Seigneur, ainsi soit-il!*

IX. Faites chaque année les *exercices spirituels* dans

quelque maison religieuse, dans quelque lieu solitaire, ou au moins chez vous; livrez-vous alors à l'oraison, à la lecture spirituelle et au silence. Passez chaque mois, un jour dans la retraite, recevant, ce même jour, la Sainte Communion et vous éloignant de toute distraction.

Résumé des vertus que doit pratiquer une ame qui veut mener une vie parfaite et devenir sainte.

Il serait bon de lire ce résumé chaque fois qu'on se retire dans la solitude, pour connaître qu'elles sont les vertus que l'on n'a pas.

Désirer d'avancer toujours de plus en plus dans l'amour de Jésus-Christ : les saints désirs sont comme des ailes qui ravissent l'ame au ciel. S. Louis de Gonzague ne devint Saint que par un ardent désir qu'il éprouvait d'aimer Dieu; et, comme il savait qu'il ne pouvait jamais l'aimer autant qu'il méritait de l'être, il se fondait de désir; c'est pour cela que Sainte Madeleine de Pazzi nommait S. Louis de Gonzague, le martyr d'amour.

Méditer souvent la passion de Jésus-Christ. S. Bonaventure a dit que les blessures de Jésus-Christ blessent les cœurs et les embrasent d'un saint amour.

Faire souvent dans la journée des actes d'amour pour Jésus-Christ, le matin en s'éveillant et le soir en s'endormant. Les actes d'amour, disait Sainte Thérèse, sont le bois qui alimente dans le cœur des chrétiens l'heureux feu de l'amour divin.

Demander toujours à Jésus-Christ son saint amour. La grâce d'aimer Dieu, comme dit S. François de Sales, est une grâce qui renferme et vaut à elle seule toutes les autres, parce que celui qui aime Dieu sincèrement évitera de jamais lui déplaire et fera tout son possible pour lui être agréable. Il faut demander par dessus tout à Dieu la grâce de l'aimer.

Fréquenter la communion. Une ame ne peut rien faire de plus agréable à Dieu, que de communier en état de grâce. La raison en est que l'amour tend à la parfaite union avec l'objet aimé. Or, Jésus-Christ aimant d'un amour immense une ame en état de grâce, désire infiniment de s'unir à elle. Par la sainte communion, Jésus-Christ s'unit avec notre ame : *Qui manducat meam carnem in me manet, et ego in eo*; c'est pourquoi l'ame ne peut rien faire qui soit plus agréable à Jésus-Christ que de le recevoir dans la Sainte Eucharistie. Les ames spirituelles doivent donc tâcher de communier plusieurs fois par semaine, et, s'il est possible, tous les jours; mais toujours avec la permission du directeur, car les communions et les mortifications que l'on fait de son chef, augmentent plutôt l'orgueil que la piété. Au reste, pour les communions et les mortifications, il faut les demander avec empressement à son directeur, car les directeurs les accordent plus ou moins souvent, selon qu'ils trouvent dans leurs pénitents plus ou moins de ferveur.

Faire par jour plusieurs communions spirituelles, trois au moins.

Visiter le S.-Sacrement sur l'autel, au moins une ou deux fois par jour; et, après avoir produit des actes de foi, de remercîment, d'amour et de contrition, lui demander avec ferveur la persévérance et le saint amour.

Quand on souffre des douleurs, des pertes, des affronts ou autres malheurs, recourir au S. Sacrement en allant le visiter, si l'on peut sortir, autrement, en tournant vers lui le cœur et la pensée.

Chaque matin, en se levant, s'offrir à Dieu pour supporter avec patience et recevoir de ses mains toutes les croix qu'il nous enverra dans la journé, et embrasser avec paix toute sorte de contradictions. *Fiat voluntas tua*, est le mot que répétaient continuellement les Saints: *Que votre volonté soit faite !*

Se réjouir de ce que Dieu est infiniment heureux et content. Si nous aimons Dieu plus que nous-mêmes, comme notre devoir nous y oblige, nous devons être plus heureux du·bonheur de Dieu que de notre propre bonheur.

Désirer le Paradis et la mort pour se délivrer du danger de perdre Dieu, et pour aller aimer Jésus-Christ dans le ciel, pendant toute l'éternité, sans crainte de jamais plus se séparer de lui.

Parler souvent avec les autres de l'amour que Jésus-Christ nous a porté et de l'amour que nous lui devons.

Nous donner à Dieu sans réserve et ne lui rien refuser de ce que nous croyons pouvoir lui plaire ; choisir et faire les choses qui peuvent lui être le plus agréables.

Désirer et faire en sorte que tout le monde aime Jésus-Christ.

Prier incessamment pour les ames du purgatoire et pour les pauvres pécheurs.

Chasser de son cœur tout sentiment qui n'est pas pour Dieu.

Recourir souvent aux Saints et surtout à la Ste-Vierge, pour qu'ils nous obtiennent l'amour de Dieu.

Honorer Marie pour plaire à Dieu.

Faire toutes ses actions dans le seul but de plaire à Jésus-Christ, et dire au commencement de chaque action : *Seigneur, que tout soit pour vous !*

S'offrir plusieurs fois par jour à Dieu et à Jésus-Christ, pour souffrir toutes sortes de peines dans son amour, en disant : *Mon Jésus, je me donne tout à vous ; faites de moi ce qu'il vous plaira !*

Etre résolu de mourir mille fois plutôt que de commettre un péché d'advertence, même véniel.

Se refuser jusqu'aux plaisirs permis trois ou quatre fois par jour au moins.

Quand nous entendons parler de richesses, d'honneurs et de divertissements, songeons que tout finit, et disons : *Mon Dieu, je ne veux que vous !*

Consacrer deux heures par jour à l'oraison mentale ou une heure au moins.

Faire toutes les mortifications extérienres que permet l'obéissance ; mais surtout les mortifications intérieures telles que réprimer la curiosité, ne pas répondre aux injures, ne pas dire de légèretés, et ne jamais rien faire par le seul motif de se satisfaire.

Faire tous ses exercices de piété, comme si c'était la dernière fois qu'on les fît ; penser souvent à la mort dans la méditation, quand on est au lit, se rappelant que c'est là qu'un jour nous rendrons le dernier soupir.

Ne pas négliger ses dévotions ordinaires ou toute autre œuvre de piété, quelque ennui qu'elles inspirent. Qui les laisse une fois, court risque de les laisser pour toujours.

Ne négliger aucune bonne œuvre par respect humain.

Ne pas se plaindre dans les maladies du peu d'habilité des médecins ou du peu de soin des domestiques, et tâcher de cacher ses douleurs autant qu'il est possible.

Aimer la solitude et le silence pour s'y entretenir seul à seul avec Dieu, et pour cela fuir les conversations et la société des hommes.

Bannir toute mélancolie, et conserver dans tous les événemens une tranquillité imperturbable, un front serein et toujours le même. Qui veut ce que veut le Seigneur n'est jamais affligé.

Se recommander souvent aux personnes spirituelles.

Dans les tentations, recourir toujours à Jésus et à Marie avec une entière confiance, et prononcer leurs noms tant que dure la tentation.

Se confier en la passion de Jésus-Christ et en l'intercession de Marie. Prier Dieu chaque jour de nous donner cette confiance.

Après le péché, ne pas se troubler et ne pas tomber dans le découragement, même quand on retomberait plusieurs fois dans la même faute. Se livrer au repentir tout de suite, et promettre de s'amender avec la grâce de Dieu.

Faire du bien à celui qui nous fait du mal, et prier Dieu pour lui.

Répondre avec douceur à celui qui nous maltraite de paroles ou d'action.

Quand on est irrité, il est bon de se taire jusqu'à ce que l'on soit plus calme. Sans cela, on commettra mille péchés sans s'en douter.

Dans les corrections à faire à autrui, choisir le moment où l'on est calme, soi et la personne que l'on veut corriger. Sans cela, les remontrances seront plus nuisibles qu'utiles.

Dire du bien de tout le monde, et louer l'intention quand on ne peut approuver l'action.

Secourir le prochain autant qu'on le peut, et surtout ses ennemis.

Ne faire et ne dire rien qui puisse blesser autrui, à moins que ce ne soit pour plaire à Dieu. Si parfois on manque à la charité, demander pardon à l'offensé, ou du moins lui parler avec douceur.

Parler toujours d'un ton calme et à voix basse.

Offrir à Dieu les insultes qu'on nous fait, et ne pas nous en plaindre aux autres.

Suivre ponctuellement les conseils du directeur.

Aimer ses supérieurs comme Jésus-Christ.

Se résigner aux emplois les plus humbles.

Obéir sans réplique et sans montrer de répugnance et ne rien demander de ce qui peut flatter notre amour-propre.

Ne parler de soi-même ni en bien ni en mal. Parfois, dire du mal de soi-même est un aliment pour l'orgueil.

S'humilier même devant ses inférieurs.

Ne pas se défendre lorsqu'on est repris ou calomniés, à moins que cela ne soit nécessaire pour le bien des autres ou pour éviter un scandale.

Visiter et assister les malades, surtout les plus abandonnés.

Se dire souvent à soi-même : si je veux devenir saint, il faut que je souffre ; si je veux plaire à Dieu, il faut que je fasse sa volonté et non la mienne.

Renouveler souvent la résolution de devenir un saint et ne pas se troubler, quelque tiédeur qu'on éprouve,

Renouveler chaque jour la résolution de marcher à la perfection.

Que les religieux aient soin de renouveler chaque jour les vœux de leur profession. Les docteurs disent que celui qui renouvelle ses vœux de religion obtient une indulgence plénière comme qui les fait pour la première fois.

L'exercice le plus nécessaire à une ame qui veut plaire à Dieu, c'est de se conformer en tout à la volonté divine, et embrasser avec résignation toutes les contrariétés, les maladies, les affronts, les adversités, les pertes de biens de parents et d'amis, en les acceptant chaque matin de la main de Dieu.

Les tribulations sont d'heureux marchés où les Saints font de grands achats de mérites. Nous ne pouvons mieux plaire à Dieu qu'en nous soumettant en tout à ses saintes volontés. C'est là l'exercice continuel des ames dévotes et le but de l'oraison mentale. Sainte Thérèse disait : *Nous ne devons chercher autre chose, dans la méditation, qu'une parfaite conformité de notre volonté à la volonté divine, et c'est là ce qui constitue la véritable perfection.*

Tel doit donc être l'unique but de nos actions, de nos méditations et de nos prières; nous devons toujours prier. *Doce me facere voluntatem tuam.* Seigneur enseignez-moi à faire ce que vous voulez. *Domine, quid me vis facere?* Dites-moi ce que vous voulez que je fasse; je suis prêt à tout. *Fiat voluntas tua* est toujours dans la bouche des Saints, et c'est tout ce que Dieu demande de nous : *Filii mi præbe cor tuum mihi.*

Mais la perfection consiste à se conformer à la volonté de Dieu dans les revers. Le vénérable père Avila disait : *Un béni soit le Seigneur! vaut plus dans le malheur que mille remercîments dans le bonheur.* Il faut nous soumettre même aux croix que Dieu nous envoie par le moyen des hommes, telles que les calomnies, les vols, les insultes, parce que tout vient de Dieu. Dieu ne veut pas le péché de celui qui nous offense, mais il veut notre humiliation et notre mortification : *Bona et mala a Deo sunt.* Nous appelons *les tribulations* des maux, et nous nous en faisons des maux, parce que nous les souffrons avec impatience, mais si nous les acceptions avec résignation, elles seraient pour nous des biens et des pierres précieuses destinées à orner notre couronne de gloire. Enfin, celui qui est toujours résigné à la volonté divine devient un Saint, et jouit même ici-bas d'une paix continuelle : *Non contristabit justum quidquid ei accidcrit.* Recommandons-nous aux prières des personnes dévotes, mais recommandons-nous aussi aux Saints du Paradis, et surtout à la Sainte Vierge, et ne laissons pas échapper l'occasion d'inspirer aux autres une vive dévotion pour Marie : ceux qui ont une entière confiance dans sa protection doivent en remercier le Seigneur ; car cette confiance est une arche précieuse de leur salut, et ceux qui ne l'ont pas doivent prier Dieu de la leur accorder.

MAXIMES SPIRITUELLES.

Que sert de gagner le monde entier, si l'on perd son ame.

Tout finit, l'éternité seule ne finit pas.

Perdons tout, mais ne perdons pas Dieu.

Un péché, quelque léger qu'il soit, n'est pas un mal léger.

Si nous voulons plaire à Dieu, il nous faut nous renoncer nous-mêmes.

Tout ce qu'on fait pour sa propre satisfaction est perdu.

Pour se sauver, il faut toujours craindre de se perdre.

Mourons, mais soyons agréables à Dieu ?

Le péché est le seul mal qu'on doive craindre. Tout ce que veut le Seigneur est bon, et nous devons vouloir tout ce qu'il veut.

Qui n'aime que Dieu est toujours content, même dans la contradiction.

Il faut supposer qu'il n'y a au monde que Dieu et soi.

Le monde entier ne peut suffire à nos désirs ; Dieu seul les contente.

Le véritable bonheur consiste à aimer Dieu. Aimer Dieu consiste à faire la volonté de Dieu.

Toute notre richesse est dans la prière. Celui qui prie obtient tout ce qu'il veut.

Le jour où nous ne faisons pas d'oraison mentale est un jour perdu. *Qui néglige l'oraison* (disait Ste-Thérèse) se met *lui-même dans l'enfer.*

Ne laissez pas passer un seul jour sans lire quelque livre spirituel.

Les points d'honneur sont la peste de l'esprit.

Pour être humble de cœur et non de bouche, il ne suffit pas de dire qu'on est digne de mépris, mais il faut aimer à se voir méprisé.

Que sait faire un chrétien qui ne sait pas souffrir un affront pour Jésus-Christ ? quand on vous insulte, ne faites qu'en rire.

Quand on pense à l'enfer qu'on a mérité, toute peine paraît légère.

Qui aime la pauvreté possède tout ; parmi les choses du monde, il faut choisir la pire ; et, parmi celles du Ciel, la meilleure.

Une ame obéissante est la joie de Dieu.

La véritable charité consiste à faire du bien à qui nous fait du mal, et d'un ennemi nous faire ainsi un ami.

A quoi servent les richesses et les honneurs de la terre à l'heure de la mort ?

C'est une grande faveur de Dieu d'être appelé à l'aimer.

Dieu ne laisse aucun bon désir sans récompense.

Tout attachement même pour les bonnes choses (excepté Dieu) est mauvais.

Soyons reconnaissants, mais d'abord envers Dieu. C'est

pourquoi nous ne devons jamais rien refuser à Dieu; choisissons toujours les choses qui sont le plus de son goût.

La plus belle prière d'un malade, c'est de se résigner.

Vie sainte et plaisirs sensuels ne peuvent s'accorder ensemble.

Qui se fie en soi-même est perdu; qui se confie en Dieu peut tout.

Quel plus grand plaisir peut éprouver une ame que de savoir qu'elle plaît à Dieu!

Dieu se donne tout à ceux qui laissent tout pour l'aimer.

Le seul sentier qui mène à la sainteté, c'est celui des souffrances.

Dieu éprouve ses amis par l'aridité et les tentations.

Qui aime Dieu et se confie en lui ne peut se perdre.

Prions Dieu de nous donner une tendre dévotion envers sa divine Mère.

Celui qui regarde Jésus crucifié souffre tout sans se plaindre.

Plus on aime Dieu, plus on est heureux. Tout ce qui n'est pas fait pour Dieu devient un sujet de peine.

Jamais l'inquiétude, même pour une bonne fin, ne vient de Dieu.

Ne cessons pas de marcher, et nous arriverons.

Qui ne désire que Dieu est riche et heureux; il n'a besoin de rien et se rit du monde.

Rien ne peut suffire à qui Dieu ne suffit pas. Dieu seul, et rien de plus.

Il faut triompher de tout pour gagner tout.

Pieuses réflexions pour s'exciter à l'amour de Dieu et à la dévotion envers Marie.

Dieu est un abîme de grâces, de biens et de perfections.

Dieu est infini, Dieu est éternel, Dieu est immense, Dieu est immuable.

Dieu est puissant, Dieu est sage, Dieu est prévoyant, Dieu est juste.

Dieu est miséricordieux, Dieu est saint, Dieu est beau, Dieu est resplendissant, Dieu est riche, Dieu est tout. C'est pourquoi il est digne d'amour, et de quel amour !

Dieu est infini, il donne à tout le monde et ne reçoit de personne. Tout ce que nous avons, nous le tenons de Dieu; mais Dieu ne tient rien de nous. *Deus meus es tu, quoniam bonorum meorum non eges.* (Psal. 15.)

Dieu est éternel; il a toujours été et sera toujours. Nous comptons les années et les jours de notre existence; mais Dieu n'a pas de commencement et n'aura pas de fin. *Tu enim ipse es, et anni tui non deficient.* (Psal. 192.)

Dieu est immense et essentiellement présent en tout lieu; nous ne pouvons être en plusieurs endroits à la fois; mais Dieu est partout, dans le ciel, sur la terre, dans la mer, dans les abîmes, en nous et en dehors de nous. *Quò ibo a spiritu tuo et quò a facie tuâ fugiam? Si ascendero in cælum, tu illic, et si descendero in infernum, ades.* (Psal. 1. 138.)

Dieu est immuable, et tout ce qu'il a toujours voulu, il le veut et le voudra toujours. *Ego Dominus, et non mutor* (Macl. 3. 6.)

Dieu est puissant, et la puissance des créatures n'est que faiblesse auprès de celle de Dieu.

Dieu est savant, et la science des créatures n'est qu'ignorance auprès de celle de Dieu.

Dieu est prévoyant, et la prévoyance des créatures est ridicule auprès de celle de Dieu.

Dieu est juste, et la justice des créatures est vicieuse auprès de celle de Dieu. *Et in Angelis suis reperit pravitatem*. (Job. 4. 18.)

Dieu est Saint, et la sainteté des créatures, quelque héroïque qu'elle soit , est infiniment défectueuse auprès de celle de Dieu. *Nemo bonus nisi solus Deus* (Luc. 18. 19.)

Dieu est beau, et de quelle beauté ! La beauté des créatures n'est que laideur auprès de la beauté de Dieu.

Dieu est resplendissant, et la splendeur des créatures, l'éclat même du soleil, n'est que ténèbres auprès de l'éclat de Dieu.

Dieu est riche, et la richesse des créatures n'est que pauvreté auprès de la richesse de Dieu.

Dieu est tout, et la plus élevée, la plus admirable, la plus sublime des créatures et toutes les créatures ensembles ne sont rien auprès de Dieu. *Omnes tanquam nihilum ante te*. (Ps. 3. 8.) C'est pourquoi il est digne d'amour, et de quel amour !

Ah ! Dieu est si digne d'amour, que tous les Anges et les Saints du Paradis ne font et ne feront jamais autre chose dans le ciel, pendant toute l'éternité, qu'aimer Dieu, et cet amour ardent pour le Seigneur les rend et les rendra toujours heureux.

Ah ! Dieu est si digne d'amour qu'il est lui-même forcé de s'aimer infiniment, et dans ce même amour si nécessaire et si doux, que Dieu se porte à lui-même, consiste sa béatitude : et nous ne l'aimerions pas !

Comment l'aimaient les Saints?

S. François Xavier ouvrait ses vêtemens et se jetait par terre, dans les élans de son amour pour Dieu.

S. Stanislas Kostka se découvrait la poitrine et allait se plonger dans l'eau de fontaine.

S. Philippe Néri eut le cœur sensiblement dilaté par l'amour divin.

S. François de Salles disait que, s'il y avait eu dans son cœur une seule fibre qui ne fût pas embrasée de l'amour divin, il se la serait arrachée et l'aurait jetée loin de lui.

Sainte Catherine de Sienne, Sainte Thérèse, Sainte Madeleine de Pazzi et autres Saintes, tombaient souvent dans des états violens, et perdaient connaissance par l'excès du saint amour. Ste Marie-Madeleine de Pazzi, non contente d'aimer Dieu si ardemment, allait souvent par le monastère en criant : *L'amour n'est pas aimé, l'amour n'est pas aimé !* Eh ! nous ne l'aimerions pas !

Savez-vous pourquoi nous ne l'aimons pas? parce que nous le connaissons peu; les Saints, qui le connaissaient mieux que nous, l'aimaient ainsi. Efforçons-nous donc de le connaître davantage. Méditons de temps en temps ses divins attributs, ses divines perfections; repassons-les de temps en temps, comme je vous le propose dans cet ouvrage, et l'amour divin embrasera nos cœurs.

C'est une grande bonté à Dieu que de permettre que nous l'aimions, nous, ses viles créatures; c'est aussi le plus doux de ses préceptes.

En donnant ses lois à Moïse sur la cime du mont Sinaï (Deut. 6.), Dieu fit d'abord ce premier commandement : *Diliges Dominum Deum tuum*, aime le Seigneur ton Dieu; *ex toto corde tuo*, de tout ton cœur; *ex totâ animâ tuâ*, de toute ton ame ; *ex tota fortitudine tua*, de toutes tes forces, et il lui ordonna de graverprofondément ces mots dans son cœur: *Eruntque verba hæc in corde tuo*. Il lui recommanda de les publier dans Israël. Aimons-le donc ainsi, car il le mérite ; suivons exactement ce précepte si doux et si important, qui est le premier de toute la loi. *Hoc est maximum et primum mandatum.* (Matt. 22. 38.) Vivons en pratiquant ce précepte, mourons en l'accomplissant.

Signes certains pour reconnaître si l'amour de Dieu est en nous.

L'amour divin est comparé au feu dans l'Écriture. Pour nous apprendre qu'il était venu sur la terre pour y allumer l'amour divin, Jésus-Christ s'exprime en ces termes : *Je suis venu sur la terre pour y apporter le feu. Ignem veni mittere in terram.* (Luc. 12. 49.), et Dieu même, dans l'Apocalypse (C. 3. v. 13.) dit à une ame de se pourvoir d'or embrasé. *Suadeo tibi*, je te conseille, *emere aurum ignitum*, de te pourvoir d'or embrasé, c'est-à-dire de saint amour.

Or le feu a ces deux propriétés; il résiste aux vents contraires; et, au lieu de s'éteindre à leur souffle, il grandit et travaille : il est feu, il faut qu'il agisse. Voici donc deux signes certains pour reconnaître en nous l'amour divin : *Travaux et patience.* Travaillons-nous toujours pour notre Dieu ? Cherchons-nous du moins par une bonne intention à faire sa volonté en toutes choses, et à lui être agréables ! souffrons-nous volontiers pour lui tous nos revers ? La pauvreté, les tribulations, les maladies, et autres calamités ? Au lieu de nous éloigner de lui dans l'adversité, tâchons de nous en rapprocher. Nous avons le saint amour de Dieu ; notre amour est un feu qui travaille, qui renverse tous les obstacles ; s'il ne fait tout cela, ce n'est plus un amour véritable, c'est un amour faux, c'est un amour de bouche, ce n'est pas un amour de cœur. S. Jean nous dit encore, dans son épître (a. C. 3. 8. 13.): *Filioli mei* (quelle douce expression : *mes petits enfants*)! *non diligamus verbo, neque lingua*, n'aimons pas avec les paroles, *ou avec la langue, sed opere et veritate*, mais avec nos œuvres et nos actions.

Si non operatur, dit S. Grégoire (Hom. in Evang.) Si l'amour ne travaille pas, *amor non est*, ce n'est pas de l'amour. Et Jésus-Christ (Joan. 14. 21.'), *Qui habet mandata mea et servat ea*, celui qui garde mes commandements et les observe avec exactitude, *Ille est qui diligit me*, m'aime véritablement. S. Augustin dit aussi : *Omnia sæva et immania*, toutes les choses les plus amères et les plus dures, *prorsùs facilia et ferè nulla efficit amor*, l'amour les rend faciles et douces.

Si nous agissons toujours suivant les préceptes de Dieu, si nous obéissons à ses commandements, si nous les observons avec exactitude, ainsi que ceux de la Sainte Eglise, si nous remplissons les devoirs de notre état, si nous supportons avec courage et même avec joie, pour l'amour du Seigneur, les adversités et les peines, nous avons l'amour de Dieu. Notre amour est un feu qui travaille, qui surmonte les obstacles; mais, s'il ne travaille pas, il n'est pas véritable, il est faux, c'est un amour de bouche et non de cœur. *Filioli mei, non diligamus verbo, neque linguâ, sed opere et veritate*. Venons-en à la pratique.

Il se présente une occasion de faire un grand profit, mais injuste; il se présente l'occasion de prendre un plaisir, mais ce plaisir est illicite. Les devoirs de votre état vous fatiguent, les travaux de votre emploi vous ennuient, et vous, pour votre Dieu, vous abandonnez ce profit, vous renoncez à ce plaisir, vous vous faites violence ; je vous le dis, vous avez l'amour de Dieu. Votre amour est un feu qui travaille ; s'il ne travaillait pas, votre amour ne serait pas véritable ; il serait faux, ce serait un amour de bouche et non de cœur. *Filioli mei,*

non diligamus verbo, neque lingua, sed opere et ve-
ritate.

Etes-vous frappé de quelque malheur imprévu : vous
suscite-t-on un procès d'où dépend votre fortune? per-
dez-vous tout à coup une personne qui était votre seule
espérance, votre plus ferme appui! si vous offrez toute
votre douleur à Dieu, si vous recevez tous ces malheurs
avec joie, vous avez l'amour de Dieu. Votre amour est un
feu qui rompt toute barrière; sans cela ce ne serait pas
un amour véritable, mais un amour faux, un amour de
bouche et non de cœur. *Filioli mei, non diligamus
verbo, neque lingua, sed opere et veritate.*

Mais la souffrance supportée avec courage est un
signe plus certain encore de votre amour pour Dieu,
que les travaux eux-mêmes, parce qu'en travaillant,
celui qui aime s'emploie pour la personne qu'il aime, et
c'est signe qu'il l'aime; mais celui qui souffre n'est point
distrait par sa propre recherche dans ce qu'il fait pour
la personne qu'il aime; c'est donc signe qu'il l'aime davantage.

C'est de cette manière que Dieu voulut éprouver Job
pour voir s'il l'aimait véritablement.

Le pieux Job fut certainement un grand serviteur de
Dieu; mais quand montra-t-il vraiment son amour?
est-ce lorsqu'il était entouré de ses nombreux enfants,
lorsqu'il nageait dans l'abondance et la joie, quand il
jouissait d'une parfaite santé! Oui même alors, car même
alors il disait avoir tout reçu de Dieu et l'en remerciait;
il lui offrait des sacrifices; il donnait de saints conseils à
ses enfants, il priait continuellement pour eux afin qu'ils
n'offensassent jamais Dieu par leurs péchés. *Ne forté
peccaverint filii mei.* (Job. 1.) Mais il ne montra tout
son amour pour Dieu que lorsque Dieu, pour le mettre
à l'épreuve, le dépouilla en un instant de tous ses biens,

fit mourir tous ses enfants, le priva de sa santé, l'étendit sur le fumier et le couvrit de plaies qu'il était réduit à racler avec un têt de pot cassé ; dans toutes ces misères, dans toutes ces douleurs inouies, déchirantes, Job répétait sans cesse avec une patience sublime et invincible : *Le Seigneur m'avait donné tous ces biens, le Seigneur me les a ravis. Dominus dedit, Dominus abstulit.* Tout est arrivé comme Dieu l'a voulu, *sicut Domino placuit, ita factum est.* Que son saint nom soit béni ! *sit nomen Domini benedictum !* (Ibid).

Mais pourquoi citer Job ? Jésus-Christ même en allant à la mort, dit aux apôtres (Joan. 14. 31.): Chers disciples ! afin que le monde connaisse combien j'aime mon père, allons ! *ut cognoscat mundus, quia diligo patrem, surgite, eamus.* Voilà le signe le plus certain, le plus incontestable de l'amour divin : la patience, la patience ! souffrir volontiers pour Dieu tous les maux.

Les exemples d'une patience héroïque ne sont pas rares dans l'histoire des Saints.

Sainte Thérèse disait : *Souffrir ou mourir !* Ste Madeleine de Pazzi, *Souffrir et ne pas mourir !* et S. Jean de la croix, *Souffrir et se taire !*

Les saints martyrs défiaient les bourreaux qui les tourmentaient et les bêtes féroces dont ils étaient dévorés.

Sainte Liduine souffrit avec joie une douloureuse maladie de 33 ans.

Sainte Françoise, Romaine, souffrit tranquillement l'injuste exil de son mari, et la confiscation de tous ses biens, et S. Jean de la croix, neuf mois de prison et mille autre chagrins et incommodités.

Voilà le signe le plus certain, le plus incontestable de l'amour de Dieu, la patience ! la patience ! tout souffrir volontiers pour lui.

Heureux celui qui possède ces deux signes certains ;

les œuvres et la patience, travailler et souffrir pour le grand Dieu ; à ces marques, il pourra reconnaître en lui-même un véritable amour pour le Seigneur.

Tout l'or du monde auprès d'une seule étincelle de l'amour divin, n'est qu'un grain de sable imperceptible. (Sap. 7. 9.) *Omne aurum in comparatione illius arena est exigua* ; toutes les richesses du monde auprès d'une étincelle d'amour divin, ne sont plusrien : Ainsi s'exprime l'Écriture. (Sap. 7. 8.) *Divinitas nihil esse duxi in comparatione illius.*

Mais qu'est-ce que l'or du monde et toutes les richesses du monde? Les dons les plus extraordinaires de la nature ne sont rien sans l'amour de Dieu. Ainsi parle le S. apôtre Paul (1. *ad. cor.* 13.) qui avait tant d'amour divin et qui en connaissait si bien le prix.

Si j'avais, disait-il, le don de toutes les langues, si je parlais toutes les langues des hommes et même la langue céleste et harmonieuse des Anges; *si linguis hominum loquar et angelorum ;* et si avec cela je n'avais pas le saint amour de Dieu, *caritatem autem non habeam ,* je serais moins qu'un instrument qu'on ne peut accorder. *Factus sum velu tæs sonans aut cymbalum tinniens.*

Si j'avais au plus haut degré le don de la prophétie , et si je pénétrais profondément dans les mystères les plus abstraits, *Si habuero prophetiam et noverim mysteria omnia;* si j'avais le don de toutes les sciences, et un don si ample de foi que je transportasse les montagnes d'un lieu à l'autre, *Si habuero omnem scientiam et omnem fidem, ita ut montes transferam,* et si je n'avais le saint amour de Dieu, *caritatem autem non habeam,* je ne suis rien, *nihil sum.*

La belle vertu de la charité, de l'amour de Dieu est la reine des autres vertus ; elle règne et règnera éternellement.

La foi après la mort aura sa récompense, parce qu'elle verra ce qu'elle a cru ; mais la vertu de la foi ne sera pas dans le Paradis.

L'espérance après la mort aura sa récompense, parce qu'elle possédera ce qu'elle aura à espérer ; mais la vertu de l'espérance ne sera pas dans le Paradis.

La charité, l'amour pour Dieu, aura sa récompense après la mort, et régnera éternellement, parce qu'avec une immense béatitude, elle continuera d'aimer éternellement ce Dieu qu'elle aura aimé sur la terre.

Heureux, bienheureux celui qui a ces deux signes certains, le travail et la patience, qui agit et qui souffre volontiers pour Dieu ! il pourra reconnaître en lui-même le véritable et saint amour de Dieu !

Aimons, aimons donc notre Dieu, aimons-le tous de la manière indiquée ci-dessus. Dans toutes nos actions, ayons toujours Dieu devant les yeux, et suivons toujours sa sainte volonté et son divin plaisir. Supportons non seulement avec résignation, mais avec joie tout ce qui blesse notre amour-propre et notre sensibilité humaine. Dieu ne nous a créés et mis au monde que pour ce seul et unique but d'aimer Dieu.

Mettons donc tout nos soins, faisons tous nos efforts pour ne tendre en ce monde qu'à cette seule et unique fin.

Ne faisons compte que de l'amour de Dieu ; demandons avec instance au Seigneur que son saint amour, *Amorem tuis   um ;* votre seul amour, Seigneur (devons-nous dire tous et souvent), nous ne demandons de vous que votre amour et votre sainte grâce, *amorem tuî solùm cum gratiâ tuâ mihi doncs,* et je suis assez riche, *et dives sum satis ;* je ne vous demande pas autre chose, *nec aliud quidpiam ultra posco,* comme disait souvent le grand S. Ignace.

Acte d'amour parfait envers Dieu, à répéter souvent.

Mon Dieu, je vous aime par dessus tout et en tout ; je vous aime de tout mon cœur, parce que vous le méritez.

DOUZE

ORAISONS JACULATOIRES.

Pour chacune des douze grandes solennités de l'année, sept de Notre Seigneur et cinq de la Sainte Vierge, on peut les dire aussi dans les autres jours de l'année, selon la dévotion de chacun.

POUR LES SOLENNITÉS DE NOTRE SEIGNEUR.

Pour Noël.

Naissez, ô mon Jésus ! naissez dans mon cœur.

Pour la Circoncision.

Que votre nom, ô Jésus ! soit ma joie !

Pour l'Épiphanie.

O Jésus, je vous adore et vous aime avec les mages !

Pour Pâques.

Mon Jésus ! souffrir avec vous et ensuite être heureux, dans la gloire, avec vous !

Pour l'Ascension.

Emportez mon cœur avec vous dans le ciel !

Pour la Pentecôte.

Esprit saint, donnez-moi lumières, ferveur et persévérance.

Pour le *corpus Domini*.

Jésus notre nourriture, Jésus notre douceur, Jésus notre joie !

POUR LES SOLENNITÉS DE LA SAINTE VIERGE.

Pour l'immaculée Conception.

Vierge Sainte et sans tache, Vierge pleine de grâces dès le premier instant de votre existence, faites que je sois sans tache et plein de grâces au dernier moment de ma vie !

Pour la nativité de la Ste Vierge.

Vierge très sainte, votre naissance fut sainte ; faites que ma mort le soit aussi !

Pour l'Annonciation.

Vous fûtes élevée, ô Vierge très sainte ! à l'être sublime de Mère de Dieu ; faites que je lui sois toujours fidèle, dans l'ordre de ses serviteurs !

Pour la Purification.

Vierge très sainte, plus pure que les Anges, après

l'enfantement; faites du moins que je sois pur après
avoir péché!

Pour l'Assomption.

Vierge très sainte, vous mourûtes de pur amour;
faites que je meure au moins avec contrition !

*Soyons tous dévots, tous dévots à la Ste Vierge; après Dieu la
Ste Vierge.*

Heureux tout chrétien, heureuse toute chrétienne
qui ont pour eux la Sainte Vierge? malheur à tout chrétien, malheur à toute chrétienne qui n'ont pas pour
eux la Sainte Vierge!

La Sainte Vierge est toute puissante auprès de Dieu,
parce qu'elle est sa mère et qu'il l'aime tant! Elle ne
cherche que notre bien et nous aime tendrement aussi,
parce qu'elle est aussi notre mère.

Gagnons toujours de plus en plus son affection ma-
ternelle, en redoublant toujours de dévotion pour elle.

A chaque jour son rosaire; à chaque samedi son
jeûne.

A chacune de ses principales fêtes sa neuvaine et son
jeûne.

A chacune de ses moindres fêtes, les dévotions d'usage
et en tous nos besoins, et en toutes nos afflictions, recours à elle, confiance en elle durant la vie, confiance
en elle à l'heure de la mort, confiance en elle pendant
toute l'éternité. Il en doit être ainsi, car savez-vous
comment se passent les choses dans le ciel? La Sainte
Vierge se place devant son divin fils : *Mater stat ante*
filium, et lui montre son sein où il resta renfermé pendant
neuf mois, et ses mamelles sacrées auxquelles tant de
fois elle l'allaita. Le fils se place devant son père tout

puissant : *Filius stat ante patrem*, et lui montre son côté ouvert et les sacrées plaies qu'il reçut pour nous, *et ostendit patris latus et vulnera*. A la vue des doux gages de l'amour de son fils, Dieu ne peut lui rien refuser ; et nous obtenons tout. *Ibi nulla poterit esse repulsio, ubi sunt tot amoris insignia*. Ainsi nous parle S. Bernard, le dévot serviteur de la très Sainte Vierge.

Mais comme la très Sainte-Vierge, outre qu'elle est la véritable Mère de Dieu, est aussi bien Mère du bel amour, *mater pulchra dilectionis*, qu'elle daigne donc nous obtenir ce saint amour, et que, par son entremise, Dieu veuille bien remplir nos cœurs de ce feu divin ! *Ignem sui amoris accendat Deus in cordibus nostris* !

Vive Jésus, notre amour, et Marie, notre espérance !